Irma Dorizzi   ·   Der Silsersee erzählt...

Irma Dorizzi

Der Silsersee erzählt...

Märchen

Illustrationen: Alfred Kobel, St.Gallen

Übertragung des Märchens «Zwerg Isobar und die schöne Nixe Sela» ins Rätoromanische durch
Prof. Dr. Leza Uffer, St.Gallen
Vorwort: Dr. hc. Carl Stemmler-Morath, Basel

© Copyright by
Verlag Irma Christen-Dorizzi, Basel
ISBN 3 85608 009 0
Illustrationen: Alfred Kobel, St.Gallen
Übertragung ins Rätoromanische: Prof. Dr. Leza Uffer, St.Gallen
Vorwort: Dr. h.c. Carl Stemmler-Morath, Basel
Satz, Druck: H. Tschudy & Co. AG, St.Gallen
Einband: Buchbinderei Hch. Weber AG, Winterthur
Photolithos: John & Co. AG, St.Gallen

Vorwort

Sind es wirklich Märchen, die uns Irma Dorizzi in diesem Buch nahe zu bringen versucht? Sind es nicht eher wirkliche, wenn auch traumhafte Erlebnisse ihres Geistes, wie sie es in ihrem Nachwort zu Zwerg Isobar und die Nixe Sela selber schreibt? Erlebnisse wie sie jeder, der sich in die Natur einfühlen, der von ihr bezaubert werden kann, in seinen Erinnerungsträumen noch einmal, lebhafter, blumiger und voller Phantasiegestalten neu erlebt. Ich bin kein Dichter, sehe auch in meinen Träumen weder Prinzen, Nixen oder Zwerge, obwohl ich in meiner Jugend alles begeistert las, was uns die berühmten Märchendichter hinterliessen, später dann als Gymnasiast aus der Stadtbibliothek sämtliche Bände aus «Tausend und eine Nacht» und «Märchen der Weltliteratur» nach Hause trug und nächtelang mich überzeugen konnte, dass Märchen durchaus nicht nur für Jugendliche geschrieben wurden, ja oft denkbar ungeeignete Literatur für sie sind.

Irma Dorizzis Märchen sind ebensowenig Kindergeschichten, sondern setzen voraus, dass der Leser sich in sie hineinleben muss und siehe da, schon in der ersten Geschichte sah ich die golden glänzenden Trollblumen vor mir, die ich dort, auf den schönsten, ja vielleicht bald einzigen Blumenwiesen Europas photographierte, als meine Versuche mit Farben und Pinsel meine darstellerische Unfähigkeit ergaben.

5

Dass der Silsersee mit seinen «paradiesischen Ufern» (Zitat aus «Naturparadies Schweiz») überirdische Traumvorstellungen wecken kann, ebenso wie die Wildwasser und Schluchten der umliegenden Bergriesen, ist sogar mir verständlich, erlebte ich selber doch in seiner Umgebung Murmeltiere, Gemsen und Adler, narrte mich ein sich krank stellendes Schneehuhn und gaben mir Kreuzottern, aber auch Kristalle am Piz da la Margna Anlass sogar am Tag zu träumen. Weniger von spukhaften Lebewesen, als davon, dass diese Welt der Edelweisswiesen, der Alpenrebenbüsche und Alpenrosenhänge, samt ihrer so reichen Tierwelt auch unseren Enkeln noch Grund zum Träumen bieten möge.

Carl Stemmler-Morath

Die Trollblumenprinzessin

Es gab einmal, eingebettet zwischen grossen Bergen, und gar nicht fern vom Silsersee, ein liebliches Tal mit einem munteren Bergbach, der an grünen Wiesen und Wäldern vorbeifloss. Seine eiligen Wasser erreichten schliesslich eine Stelle, wo der Bergwald unzugänglichen Felsen gewichen war. Ein kleines Häuschen mit grossem Kamin schmiegte sich an die steile Felswand und schaute über eine Lichtung hinaus, die auf einer Seite von dichtem Wald und hohem Farnkraut eingeschlossen, und auf der andern vom Bergbach begrenzt war.

Am Ufer dieses Baches stand eine Bank, über welcher sich der Ast einer Wettertanne wie ein schützendes Dach ausbreitete. In der Waldlichtung, vor allen neugierigen Blicken verborgen, befand sich eine Wiese, aber — das war keine gewöhnliche Wiese — nein, alles, was einst darauf gewachsen war, hatte sich in pures Gold verwandelt. Moose, Gräser und Blumen standen da in goldenem Glanz, aber Grabesstille lag über dem Ganzen.

Da herrschte nicht die bunte Vielfalt der Farben einer Bergwiese im Morgentau, kein wohlriechender Duft aus zahllosen Blütenkelchen breitete sich über der Lichtung aus. Keine Käfer krabbelten im Gras und kein Schmetterling gaukelte über den Blumengesichtern, um sich am Nektar zu erlaben. Einsam lag die goldene Wiese, starr und tot. Selbst der Bergbach beeilte sich, diesem verwunschenen Ort so rasch wie möglich zu entrinnen. Nur in des Morgens Frühe zeigte sich etwas Leben in der Lichtung, wenn ein Zwerg den Fusspfad vor seinem Häuschen herunterstieg und der Bank am Ufer des Bergbaches zustrebte.

Dort setzte er sich hin und blies, wie an allen Tagen, ein sonderbares Lied auf einer Flöte. Die Töne dieser Melodie schwebten über die goldene Wiese hin, welche alsbald zu leuchten und zu funkeln begann, als ob sie sich in einen riesigen Schmelztiegel verwandelt hätte. Wenn immer dies geschah, tanzte der Zwerg närrisch vor Freude um den Stamm der Tanne und rief:

«Mein Gold ist stärker als die Sonne,
he-he, hi-hi, ha-ha, hi-hi, he-he.»

Doch die Sonne kümmerte sich nicht um den sonderbaren Zwerg, wohl wissend, dass ihr lebensspendendes Licht von allem Gold auf dieser Welt nicht aufgewogen werden konnte. Diese Weisheit war dem Zwerg fremd, trunken im Gefühl seiner Macht rief er immer wieder:

«Mein Gold ist stärker als alles auf der Welt!»

Hatte er sich müde getanzt, lief er zum Bergbach hin und liess auf der Flöte ein neues Lied ertönen. Mit einemmal verwandelte sich das frische Bergwasser in ein träges, blaues Rinnsal, aus welchem der Zwerg ein kleines Krüglein unter geheimnisvollen Beschwörungen füllte. Das Gefäss stellte er zwischen die Steine am Ufer, sprang siebenmal hin und siebenmal her über das Rinnsal und schrie mit lauter Stimme:

«Gold, Gold, mehr Gold, noch mehr Gold!»

8

Darnach ergriff er sein Krüglein und lief den steilen Fusspfad hinauf, ohne sich darum zu kümmern, dass frische Wasserfluten das trübe Rinnsal hinwegschwemmten. Der Zwerg verschwand in seinem Häuschen, wo bald ein geschäftiges Rumoren in der Werkstatt anhub. Von den Gestellen holte er Schalen, Töpfe, Mörser und Flaschen, die er auf die Werkbank stellte, wo eine lange Reihe von Erzen, Kristallen und Gesteinsproben bereitstanden.

Enghalsige Glaskolben enthielten bunte Flüssigkeiten, von denen er kleine Mengen in einer Schale zusammenmischte. Dann wandte er sich den Gesteinen und Kristallen zu und wählte nach einigem Nachdenken hier einen Steinbrocken und dort ein paar Kristalle aus, zerkleinerte sie im Mörser und schüttete sie ebenfalls in die Schale, zusammen mit einigen sorgfältig abgemessenen Tropfen blauen Wassers aus seinem Krüglein.

Fortwährend in seinen struppigen Bart brummend, mischte er die Masse sorgfältig durch, ergriff die Flöte und beschwor mit schrillen Tönen alle Geister der Finsternis. Da begann es in der Schale zu brausen und zu zischen und langsam bildete sich ein unförmiger Goldklumpen. Gierig griff der Zwerg darnach, er drehte und wendete das Gebilde in seiner Hand und betrachtete es von allen Seiten, doch unzufrieden schüttelte er den Kopf.

Hatte er denn mehr erwartet als Gold? Hatte er doch die stärksten Zaubersprüche verwendet, die er kannte! Selbst der Staub, der sich auf des Zwerges Nase abgesetzt hatte, schimmerte in goldenem Glanze. Achselzuckend trug er das

Ergebnis seiner Zauberkunst den schmalen Gemspfad entlang, welcher sein Häuschen mit einer kleinen Höhle am Fusse der Felswand verband. Hier hatte der Zwerg ein Versteck angelegt, in dem sich bereits ein ansehnlicher Haufen solcher Goldklumpen verschiedener Grösse und Gestalt befand.

An die hundert Jahre schon versuchte der Zwerg mit Zauberkünsten unedle Stoffe in Gold zu verwandeln und die Bergspitzen, die seinem Treiben verwundert zuschauten, nannten ihn daher seit langem Zwerg Goldnase.

Dieser kehrte eilig in seine Werkstatt zurück und bald quollen dichte Rauchwolken aus dem Kamin. Zwerg Goldnase hatte ein starkes Feuer in der Esse entfacht, das er mit seinem Blasebalg antrieb. Dann stellte er einen schweren Dreifuss über die Glut und darauf einen Schmelztiegel aus gebrannter Erde, in welchen er ein Häuflein Erz, vermischt mit Steinmehl und zerstossenen Kristallen, eingefüllt hatte.

Starren Blickes und unentwegt seine Zauberformeln murmelnd, betrachtete der Zwerg das langsam schmelzende Erz. Bald begann es in dem Tiegel zu brodeln und zu kochen, zähe Blasen stiegen an die Oberfläche der Schmelze, platzten dort und entliessen übelriechende Dämpfe, die schwerfällig durch das Kamin abzogen.

Mit einer langen Zange hob der Zwerg den Tiegel vom Feuer und goss die Schmelze sorgfältig in eine Form. Nach dem Erkalten entnahm er ihr einen Ring, den er mehrmals in das Krüglein mit dem blauen Wasser tauchte. Dann schob er ihn über den Ringfinger seiner linken Hand und drehte ihn hin und drehte ihn her. Doch des Zwerges Erwartungen erfüllten sich nicht — mit grossen Verwünschungen streifte er den Ring vom Finger und schleuderte ihn in eine Ecke seiner Werkstatt.

Zwerg Goldnase versuchte seit langem mit Hilfe seiner Zauberformeln einen Ring zu giessen, mit dem er sich und sein Häuschen unsichtbar machen könnte. Dafür hatte er seine guten Gründe, denn das ist seine Geschichte:

Vor langer Zeit stand Zwerg Goldnase im Dienst eines alten und sehr weisen Zauberers, welcher sich seine Klause am Fusse des Monte dell'Oro eingerichtet hatte. Dieser Zauberer stand im Rufe grosser Macht, aber er brauchte sie nur, um Gutes zu tun und jedem Bittsteller in wirklicher Not wurde geholfen. In seiner Werkstatt mischte er Salben und braute er Tränklein mit Wunderwirkung zum Besten für Menschen und Tiere. Sein Geheimnis lag in einer fein geschnitzten und mit Gold überzogenen zierlichen Flöte, denn die darauf geblasenen Melodien gaben seinen Tränklein die heilende Kraft. Auch kannte er starke magische Worte und mächtige Zaubersprüche, die er aber nur selten gebrauchte.

Zwerg Goldnase war sein gelehriger Schüler, doch das hilfsbereite Wesen seines Meisters ging ihm ab. Er war ein neidisches und habgieriges Männlein und hoffte nur auf eine Gelegenheit, um sich die Flöte anzueignen.

Sein Meister hielt jedoch dieses kostbare Musikinstrument eingeschlossen hinter der starken Eisentüre einer kleinen Felsenkammer, in sicherem Gewahrsam.

Eines Tages nun begab es sich, dass der alte Zauberer, wie schon so oft, eine Zaubermelodie über einen soeben eingekochten Heiltrank spielte, und zufrieden mit seinem Werk, die goldene Flöte wieder in die Felsenkammer zurücklegte. Er verschloss die eiserne Türe, aber er vergass, den Schlüssel abzuziehen.

Zwerg Goldnase, der mit Sperberaugen jede Bewegung des Zauberers verfolgte, hatte das wohl bemerkt, denn als sein Meister im Stuhl eingeschlummert war, öffnete er die Türe und stahl die Zauberflöte. Unbemerkt machte er sich davon und eilte über steile Felsenpfade hinunter ins Tal, um sich im dichten Wald zu verstecken. Mühsam arbeitete er sich durch das viele Unterholz, bis er schliesslich zu der Waldlichtung kam, wo, von einem Bergbach getränkt, eine frische Trollblumen-wiese in voller Blüte stand.

Doch der Zwerg hatte kein Auge für die Blumenpracht, sein Blick prüfte den dichtbewachsenen Waldrand und die unzugängliche Felswand. Hier glaubte er sich in Sicherheit, und wünschte sich ein kleines Haus mit einer Werkstatt, wie sie sein alter Lehrmeister, der Zauberer, besass. Kaum hatte er auf der Flöte zu spielen begonnen, als das Haus auch schon dastand.

Jetzt endlich konnte er verwirklichen, was er sich in vielen Jahren erträumt hatte. Gold wollte er besitzen, viel Gold, und so begann er mit Hilfe seines Flötenspiels, die Trollblumen-wiese in Gold zu verwandeln, Stücklein um Stücklein. Jedes Jahr blühten weniger Trollblumen und immer grösser wurde die goldene Wiese, bis schliesslich nur noch wenige Büschel grünen Grases am Bachufer übrig blieben. Dann aber kam der Tag, welcher dem Zwerg einen gewaltigen Schrecken einjagte.

14

Der alte Zauberer, aus seinem Schlummer erwacht, hatte mit Schrecken den Verlust seiner goldenen Flöte und das Verschwinden seines Gehilfen entdeckt. Mit dem Auftrag, den Zwerg zu suchen und ihm die Flöte wieder abzunehmen, schickte er seinen Kundschafter, den treuen, alten Adler Aquila, aus. Der kreiste unentwegt über allen Bergen, Wäldern, Tälern und Lichtungen, bis er eines Tages, tief unter sich, die goldene Wiese leuchten sah. Noch nie in seinem langen Leben hatte Aquila einen solchen goldglänzenden Flecken Erde gesehen, und so zog es ihn immer wieder dahin zurück. An einem frühen Morgen entdeckten seine scharfen Augen den Zwerg, wie er zu seiner Bank eilte, um auf der goldenen Flöte sein Zauberlied zu spielen.

Wie ein Pfeil schoss der Adler auf ihn nieder, schon streckte er seine Fänge aus, um die Flöte zu ergreifen. Doch der Zwerg war auf der Hut, wenige Flötentöne genügten, und Aquila stürzte krachend zu Boden. An seiner Stelle verblieb nur ein morscher Baumstamm, gegen welchen der Zwerg, an allen Gliedern zitternd, drohend seine Faust erhob. Er wusste wohl, dass der alte Zauberer nicht müssig bleiben und schon bald einen anderen Kundschafter aussenden würde. Vielleicht einen Falken, ein Wiesel, einen Fuchs? Wie konnte er wissen, was dem Alten dort hinten am Monte dell'Oro in seinem Zorn einfiel?

So kam der Zwerg auf den Gedanken, sich und seinen Besitz für fremde Augen unsichtbar zu machen, um sich endlich seines unrechtmässigen Gutes in Ruhe zu erfreuen. Aber er fand die richtige Melodie nicht, und alle Zaubersprüche, die er

15

in den vielen Jahren des Dienstes beim Zauberer auswendig gelernt hatte, halfen ihm nicht weiter. Nie kam der Zwerg zur Ruhe, immer wieder wurde er aufgeschreckt, bald wars ein Reh, das in sein verbotenes Reich einbrach auf der Suche nach dem kühlen Nass, bald ein Berghase, eine Gemse oder ein Hirsch.

Aber sein Geheimnis sollte gewahrt bleiben und so legte Goldnase einen bösen Zauber über das wenige Gras und den Bergbach. Wer immer sein Reich betrat und am Bergbachufer äste oder vom Wasser trank, sollte seine Gestalt verlieren und als Baum, Strauch oder Stein an den Platz gebannt werden.

An einem schönen Sommertag zwängte sich ein munteres Zicklein durch das Farndickicht und hüpfte voller Übermut zum Bergbach. Ihm auf dem Fusse folgte ein junges Mädchen mit einer kleinen Herde Ziegen. Gewarnt durch das Meckern der Ziegen und die Lockrufe des Hirtenmädchens, liess Goldnase seine Geräte fallen, ergriff die Flöte und eilte vor die Türe seiner Werkstatt. Mit böse funkelnden Augen blies er einige schrille Töne — und schon wars geschehen: verschwunden die ungebetenen Gäste, um einige Steine reicher das Bachufer, während neben dem Baumstumpf hinter der Bank ein schlanker Haselstrauch wuchs, der vordem nicht dort gestanden war. Von neuem lag eine unheimliche Stille über der goldenen Wiese und der Zwerg kehrte in sein Häuschen zurück.

Es wurde Abend und die Sonne verschwand hinter den Bergen, die langsam ihre Nachttücher um sich legten. Da drang ein verzweifeltes Schluchzen durch das Dunkel und nach einer Weile fragte eine heisere Stimme: «Was weinst du denn, Mädchen? Glaubst du das ändert etwas an deinem Los?»

16

Das Schluchzen hörte mit einemmale auf, und nach einigem Schweigen tönte es aus dem Haselstrauch: «Wer bist du denn, dass du mit mir reden kannst?»

Darauf der Baumstrunk:«Ich bin Aquila, der Adler, von jenem bösen Zwerg dort oben an diesen Ort gebannt, und das schon so lange, dass ichs nur schwer errechnen kann. Diesen Sommer werden es wohl hundert Jahre sein. — Und woher kommst denn du mit deiner Ziegenschar? — »

«Ach, ich bin nur ein armes Hirtenmädchen» — entgegnete der Haselstrauch, «meine Eltern sind tot , und alles, was ich besass, waren diese wenigen Ziegen und eine einsame Alphütte auf der anderen Talseite. Was habe ich denn getan, dass das Leben so grausam mit mir spielt?»

Von neuem war das Schluchzen zu hören. Aquila versuchte das Mädchen zu trösten und überzeugte es schliesslich, dass sie gemeinsam eines Tages den bösen Zwerg überlisten würden. Manchmal noch sprachen sie zusammen und der weise Aquila gab ihr viele nützliche Ratschläge.

So verging der Sommer und langsam zog der Herbst ins Tal. Jeden Morgen erschien Zwerg Goldnase, um seine Wiese leuchten zu lassen und den Zauber im Bergbach zu erneuern.

Eines Tages floh ein wunderschöner Hirsch, gefolgt von einer Hirschkuh, in dieses einsame Tal. Lange waren sie von einem Jäger verfolgt worden, bis sie ihn in dem unwegsamen Bergwald endlich abschütteln konnten. Sie arbeiteten sich behutsam durch das dichte Unterholz und trafen unversehens auf die goldene Wiese. Die Hirschkuh blieb zwischen den Bäumen stehen und äugte vorsichtig über die Lichtung hinaus.

19

Der Hirsch aber, erschöpft und durstig, machte sich zum Bergbach hin, um zu trinken, als ihn ein zartes Stimmlein anrief:

«Lass dies sein, Freund Hirsch, es wäre dein Verderben!
Trink erst von diesem Wasser, wenn das silberne Licht des
Mondes darauf fällt. Koste kein Gras von dieser Wiese. Tust du
es dennoch, so wirst auch du dem Zauber verfallen, dem Zauber
des bösen Zwerges mit der goldenen Nase.»

Erstaunt richtete der Hirsch seine Lauscher auf und
scharrte mit seinem Lauf in den Sand des Bachufers, als sich
das Stimmchen nochmals vernehmen liess:

«Wir sind alle in der Macht des Zwerges, welcher da oben
in dem Häuschen an der Felswand wohnt. Aber du kommst
zur rechten Zeit. Gewiss hat dich ein guter Geist hieher geleitet.
Wir haben ausgerechnet, dass sich in drei Tagen hundert Jahre
dieses Zaubers vollenden. Höre nun, was ich dir sage: Jeden
Morgen in der Frühe steigt der Zwerg von seinem Häuschen
herunter und setzt sich auf diese Bank hier. Dann stimmt er
auf einer goldenen Flöte sein Zauberlied an. Beobachte den
Zwerg aus sicherem Versteck und zähle die Schritte, die du
brauchst, um die Bank zu erreichen. Sei bereit am Morgen
nach der dritten Nacht, wenn die Sonne aufgeht. Wenn der
Zwerg kommt, nimm ihn auf dein Geweih, sobald er dir den
Rücken zuwendet und schleudere ihn in den Bach. Das musst
du tun, bevor er sein Lied anstimmen kann. Löst sich nur ein
Ton aus der goldenen Flöte, so sind wir von neuem der Macht
dieses Zwerges verfallen, und du mit uns. Wir alle glauben,
dass es dir gelingen wird, uns zu erlösen. Lass dich nicht auf
dieser Wiese erblicken, — warnte das Stimmlein, — geh jetzt

fort von hier, denn bald wird der Zwerg erscheinen, um sein Krüglein zu füllen!»

Wie versteinert blieb der Hirsch noch einen Augenblick stehen, dann neigte er würdevoll sein Geweih zum Zeichen, dass er alles verstanden hatte. In wenigen Sprüngen war er wieder bei der Hirschkuh, mit welcher er im Walde verschwand.

An den folgenden Morgen stellte sich der Hirsch bei der goldenen Wiese ein und beobachtete aus sicherem Versteck das seltsame Gehabe des Zwerges. Immer von neuem schätzte er den besten Augenblick und Ausgangspunkt für seine gefährliche Aufgabe, denn es stand für ihn fest, dass er diesen Zauber brechen müsse.

Sobald sich der Zwerg wieder auf dem Weg zurück in sein Häuschen befand, gab der Hirsch seinen Beobachterposten auf, streifte mit seiner Gefährtin durch die Umgebung und hielt nach dem Jäger Ausschau, der ihre Verfolgung offenbar aufgegeben hatte. Auf ihren Wanderungen fanden sie manch würziges Bergkräutlein und sie erfrischten sich gemeinsam aus einer Quelle, sodass sie nicht in Versuchung kamen, aus dem verzauberten Bergbach zu trinken. Oft aber stand der Hirsch still zwischen den Bäumen, tief in Gedanken versunken, und seine traurigen Augen schienen in ein fernes Land zu blicken. Doch dann schüttelte er sein Geweih und nahm die Wanderung wieder auf.

Als der entscheidende Tag für sein Rettungswerk anbrach, stand der Hirsch bewegungslos im Unterholz, nahe der Bank am Bachufer. Goldnase liess nicht lange auf sich warten, geschäftig kam er gelaufen, das Krüglein in der Hand, die Flöte unterm Arm. Nun stellte er das Krüglein auf die Erde, nahm die Flöte in beide Hände, holte tief Atem und ging auf die Bank zu.

Diesen Augenblick hatte der Hirsch abgewartet, vorsichtig setzte er einen Lauf vor den anderen und dann — hui — wie ein Pfeil setzte er mit einem gewaltigen Sprung über das letzte Wegstück hinweg und hatte auch schon den Bösewicht in den Gabeln seines Geweihs! Wie von einem Wirbelwind erfasst, flog Goldnase in weitem Bogen mitten in den Bergbach hinein, der ihn mit einer grossen Welle erfasste und für immer hinwegschwemmte.

Die goldene Flöte war Goldnase im ersten Schreck aus der Hand geglitten, nun lag sie vor der Bank auf dem Boden, zerbrochen in zwei Stücke. Aber schon stürzte der befreite Adler Aquila auf sie los, ergriff sie mit seinen Fängen, mit gewaltigen Flügelschlägen erhob er sich in die Lüfte und verschwand in der Richtung des Monte dell'Oro.

Ein sichtbares Aufatmen ging durch die Lichtung und sie bot mit einemmale ein vollkommen neues Bild. Die goldene Wiese war verschwunden, an ihrer Stelle blühten friedlich in ihrer ganzen Pracht die Trollblumen. Überall war Freude und Bewegung, im klaren Wasser des Bergbaches spielten die Forellen, hier und dort hatten Bäume, Sträucher und Steine ihre ehemalige Gestalt angenommen; Rehe, Hirsche, Gemsen suchten wieder ihre Standplätze auf. Aus der kleinen Bank unter der Wettertanne war ein flinker Berghase geworden, der sich eilig davonmachte, und die kleine Ziegenschar zupfte an dem saftigen Berggras am Bachufer.

22

Unser tapferer Hirsch jedoch — welch Wunder! — hatte sich in einen hochgewachsenen Jüngling verwandelt. Der blickte ins Wasser, wo der Zwerg verschwunden war und kehrte sich dann um — und schaute tief in die blauen Augen des Hirtenmädchens, das bewegungslos dort stand, wo sich vordem das feine Stimmchen hatte hören lassen. Der Jüngling trat näher und sprach:

«Ich bin Prinz Daniel, ein Königssohn aus fernen Landen. Aber wer bist denn du, schönes Kind, das mir den Schlüssel zu dem bösen Zauber gab, der uns alle in Bann hielt?»

Das Hirtenmädchen erzählte dem Prinzen in wenigen Worten sein Schicksal und machte sich daran, mit seinen Ziegen aufzubrechen. Doch der Prinz zog einen Reif vom Finger, ergriff die rechte Hand des Mädchens und streifte ihm diesen über den Ringfinger. Dazu sprach er:

«Dieser Ring soll mir den Weg zu deinem Herzen weisen, du meine Trollblumenprinzessin, denn siehe, auch ich war verzaubert, allerdings von einer Waldfee, in deren Reich ich unerlaubterweise jagte. Seither war ich auf der Flucht, und ich weiss nun um die Angst der Waldtiere. Doch jetzt will ich mich aufmachen, um mein Volk und meines Vaters Schloss zu suchen. Und du kommst mit mir, Trollblumen-prinzessin!»

Er rief seinem Pferd, das an der Stelle wartete, wo vordem die Hirschkuh gestanden war. Eine prächtig gesattelte Stute trabte herzu und nippelte zärtlich an des Prinzen Ohrläppchen. Der Prinz wollte dem Mädchen in den Sattel helfen, doch dieses schüttelte den Kopf und sprach:

25

«Ich kann doch meine Ziegen nicht dem ungewissen Schicksal überlassen. Sie wollen jeden Tag gemolken werden, auch haben sie mir über die schwere Zeit nach dem Tode meiner Eltern hinweggeholfen.»

Prinz Daniel aber wusste Rat. So sprach er zu dem Hirtenmädchen:

«Nimm die Ziegen mit, wir schenken sie unterwegs den armen Bergbauern da drüben im andern Tal. Auf meiner Flucht habe ich als Hirsch von ihrem Grase gefressen, so wollen wir ihnen dafür die Ziegen schenken.»

Da sah das Hirtenmädchen, dass der Prinz ein gutes Herz hatte, und freudig bewegt ergriff es seine Hand. Dieser hob seine Trollblumenprinzessin in den Sattel und führte die Stute vorsichtig zwischen den Bäumen hindurch ins offene Land. Unterwegs überliessen sie die Ziegen einem Bergbauern. So konnten beide unbesorgt fortziehen.

Auf ihrem Ritt kamen sie schliesslich in ein Gebiet, wo viele Menschen wohnten und wo man ihnen auch den Weg weisen konnte zu des Prinzen Heimat.

Die Trollblumenwiese am Bergbach aber, die erblüht jedes Jahr von neuem in ihrer Pracht. Dann herrscht dort ein fröhliches Stelldichein und der Tisch ist wieder gedeckt für alle Gäste, die auf zarten Flügeln eintreffen oder auf eiligen Beinchen herbeikrabbeln.

Der Schluchtgeist von Fedoz

Es geschah in jener Zeit, als das Tal zwischen den hohen Bergen nur den Tieren bekannt war. Noch führte keine Strasse hinunter zu den lieblichen Seen. Diese wurden vom Flusse En gespiesen, bevor er fröhlich plaudernd hinaus in die weite Welt wanderte. An den Berghängen des abgelegenen Tales aber waren die Wasser rar, denn die Bergfee Forla sammelte das herrliche, klare Bergwasser in ihren Gletscherkammern. Und dies schon seit langer, langer Zeit. Hier wurde es sehr sorgfältig gehegt und behütet.

In einem Jahr der Dürre gerieten die Tiere dieses Gebietes in grosse Bedrängnis, denn nirgends fanden sie einen Quell, an dem sie ihren Durst löschen konnten. Sie sandten darum einen Boten zur Bergfee Forla und baten sie um ihre Hilfe.

Die Qual der Tiere rührte an ihr gütiges Herz, und so gebot sie dem Torhüter Fedoz, das Wasserschloss ein wenig zu öffnen. Die Wasser sollten Musse haben, sich einen Weg zu bahnen und hier und dort kleine Teiche bilden, damit sich das durstige Wild und die Vögel laben konnten.

Und siehe da, als die ersten Wellen aus dem Dunkel des Wasserschlosses ans Tageslicht traten, wurden sie von den Sonnenstrahlen so geblendet, dass sie erschraken und ihren Lauf hemmten. Gerne wären sie gleich wieder zurück in die Tiefe des Berges geflohen, doch sie hatten nicht mit der Neugier der nachdrängenden Wellengefährten gerechnet, die ja auch wissen wollten, was es da draussen in der Welt alles zu sehen gab. So wurden sie vorwärts getrieben, purzelten dabei übereinander und stiessen sich gegenseitig an wie übermütige Kinder beim Spiel. Die Kecksten unter ihnen sprangen über Steine und Wurzeln, jauchzten vor Freude, wenn sich ein Sonnenstrahl in ihnen verfing, wobei ihr Kleidchen im Perlenglanz erstrahlte.

Ihr Übermut kannte keine Grenzen. Zu spät gewahrten sie, wie trügerisch dieser Glanz war, denn gierig saugte die Sonne sie auf, wenn sie sich auf einem Stein niederliessen um neuen Atem zu schöpfen.

Einige vorsichtigere Wellen hatten wohl dem närrischen Spiel zugeschaut und gemurmelt: da sieht man, wohin der Hochmut führt! Sie selber hatten sich bedächtig zwischen Steinen und Wurzeln hindurch einen Weg gegraben, die Erde weggespült und damit einen kleinen Damm gebaut. Auf diese Weise schützten sie sich vor den sengenden Sonnenstrahlen und begannen einen kleinen Teich zu füllen. Neue Wellen drängten nach und setzten die Arbeit fort.

Bald erschienen auch — vom Geplauder und Jauchzen der vielen Wellen angelockt — die ersten Tiere, um sich an dem herrlichen, reinen Bergwasser zu laben. Schnell drang die frohe Kunde durch das ganze, schöne, unberührte Tal, und ein Aufatmen ging durch die Tierwelt.

Eines Tages nun, als die Bergwasser schon viele Marschstunden lang ein Bachbett durch das Tal gegraben hatten, erschien an ihrem Ufer ein mächtiger Steinbock. Sein Gehörn

war so gross und stark und er trug es mit solchem Stolz, dass dies ein Fürst unter dem Steinwild sein musste. Er sprach nun zu den Wellen:

«Seid auf der Hut vor dem bösen, hinterlistigen Geist, der da unten in der Schlucht ob Isola am See in seiner Höhle lauert. Er wird euch den Weg durch sein Reich verbieten, denn noch nie drang ein Tier ungestraft in sein Gebiet ein, in dem er mächtige Felsblöcke und riesige Steinplatten aufgetürmt hat. Die versperren jeden Durchgang. Leider kann ich euch keinen anderen Weg empfehlen, um zum lieblichen See zu gelangen, als durch diese Schlucht. Denn ihr Wasser könnt ja nur abwärts wandern, immer abwärts, bis ins grosse Weltenmeer in der Ferne.»

Diese Warnung betrübte die Wellen sehr. Lange berieten sich die Grossen unter ihnen nun hin und her, derweil sich die kleinen Wellen zwischen den Steinen hindurch, gut verborgen, einen Weg bahnten. Der Schluchtgeist, unsichtbar hinter einer mächtigen Steinplatte, belauschte indessen das Gespräch der grossen Wellen.

Wie könnte es auch anders sein! Als sich die kleinen Wellen im Schosse des Bergsees in Sicherheit wussten, da wurde ihr Abenteuer prahlerisch verkündet. Dabei vollführten sie einen solchen Lärm, dass der Wind darob erwachte, hatte er doch gerade am Ufer des stillen Wassers sein Nickerchen gemacht. Mit Ächzen und Stöhnen erhob er sich von seinem Lager und herrschte die Ruhestörer an:

«Was macht ihr für einen Lärm? Habt ihr keinen Respekt vor alten Leuten, die sich ausruhen möchten? Halt da! Euch

31

kenn ich ja noch gar nicht. Woher kommt ihr Holderihogesindel denn? Heraus mit der Sprache, und bitte nur die Wahrheit, die reine Wahrheit! Sonst blas ich euch mit meinem Gähnen hinaus in die Luft, dass euch aller Übermut vergeht!»

Die zuvor so kecken Wellen verstummten und wollten sich eine hinter der anderen verstecken. Dabei purzelten sie übereinander – und hätten sich beinahe selbst verschluckt. Aber dann fasste eine von ihnen Mut und sagte zum Wind:

«Ich weiss zwar nicht, wer du bist, doch was ich dir zu erzählen habe, das will ich wahrheitsgemäss tun. Die Bergfee Forla hat uns aus ihrem Wasserschloss entlassen, weil die Tiere des Tales uns brauchen, damit sie ihren Durst löschen können. Ja, auch Grüsse gab uns die Bergfee mit, die sollten wir hier unten im Tal zum grossen Fluss En tragen, und ihm helfen, frisches Bergwasser dorthin zu tragen, wo es gebraucht wird. Aber – wie wir uns endlich bis vor die Schlucht gearbeitet hatten, – dort, wo der Berg steil gegen den See abfällt, da fanden wir den Weg durch grosse Felsblöcke versperrt.

Ein griesgrämiger Schluchtgeist empfing uns mit bitterbösen Worten und verwehrte uns die Weiterreise. Wir waren alle ratlos, doch die grossen Wellenschwestern verlegten sich auf's Bitten. Aber nichts da, knurrte der Schluchtgeist, das ist mein Reich und ihr habt hier nichts zu suchen! Während sich nun die grossen Schwestern hin und her berieten und überlegten, was zu tun sei, entwischten wir kleinen Wellen dem Bösewicht leise und heimlich unter den Steinen hindurch. Erst jetzt, da wir in Sicherheit sind, wurden wir gewahr, dass unsere grossen Schwestern immer noch fehlen. Gewiss stehen

32

sie alle noch unter dem Bannstrahl des umbarmherzigen Dämons, und...und...»

«Ja, ja du Plaudertasche, ich glaube dir deine Geschichte wohl! Doch etwas manierlicher hättet ihr mich schon wecken dürfen. Aber eben, von so kleinen Spring-in-die-Luft kann man halt nicht allezeit gutes Benehmen erwarten. Nun lasst mich aber nachsinnen, wie wir dem garstigen Schluchtgeist das Handwerk legen könnten...

Ach du meine Güte, wie herrlich konnte ich doch in meinen jungen Jahren durch die Schlucht hinunter sausen, dass ein vielstimmiges Konzert ertönte, in dem es nur so heulte und pfiff. Dann kommt auf einmal dieser griesgrämige Geselle aus seiner feuchten Höhle heraus und verbittet sich ein für allemal meine Musik! Was habe ich mich schon geärgert, dass der da oben auch gar keinen Spass versteht!

Zwar ist es auch schön, so über den See zu streichen, aber eben, meine Lieblingsmelodie kann ich nur in der Schlucht blasen. Doch nun komme ich selber ins Schwatzen,» sagte der Wind und begann nun zu sinnieren, währenddem die kleinen Wellen vertrauensvoll auf seinen Rat warteten. Bald erhob er sein mächtiges Haupt und sagte zu den Wellen:

«Aha, ich habs! Also duckt euch schön in jene kleine Bucht da drüben, damit ich euch nicht fortblase, wenn ich mich nun aufmache, euren Wellenschwestern zu helfen! So ist es recht, nur ganz fest an diesem Ufer festgehalten, doch versprecht mir noch eines: wenn der Weg durch die Schlucht freigeworden ist, dann möchte ich euch alle auf den Wassern des Sees tanzen sehen. Was wisst ihr schon, was ein altes Herz wie das meinige, noch so richtig erfreuen kann! Der Tanz der Wellen ist es, hoch und wirbelnd, dass die Tropfen fliegen, was mich wieder munter macht!»

Darnach begab sich der Wind, der sich in seiner ganzen Macht ächzend erhoben hatte, zum Eingang der Schlucht, aber von unten her, derweil der Schluchtgeist seine Aufmerksamkeit nach oben hin, auf die sich immer höher anstauenden Wellen, gerichtet hatte.

Das Ächzen und Stöhnen des Windes liess alle Lärchen und Föhren am Ufer des Sees erbeben, es dehnte sich aus, immer weiter und weiter, und erfüllte bald die ganze Schlucht. Nun erhob sich ein Tosen und Poltern und Heulen, dazwischen ein Jammern und Flehen, dass es weithin widerhallte. Die Tiere brachten sich eilig in Sicherheit. Rehe hetzten in grossen Sprüngen dem Seeufer entlang in die nahen Wälder, die von einer Bergflanke geschützt, sich weithin zogen. Eichhörnchen sah man von Baumwipfel zu Baumwipfel springen, Hasen flüchteten im Zickzacklauf dem Tal der Fedacla zu, wie ein roter Irrwisch verschwand ein Fuchs, Vögel flatterten über den See hinweg ans andere Ufer und ein Marder suchte eiligst in einer Baumhöhle Schutz. Indessen verstärkte sich das Tosen und Poltern und Heulen und Keuchen so gewaltig, als ob die Erde bersten wollte. Bald krachte ein Baumast, drehte sich in der Luft um die eigene Achse, und knallte darnach auf das niedere Gebüsch im Tobel. Die losgerissenen Blätter sausten,— wie riesige farbige Schneeflocken — in Wolken die Schlucht hinauf. Dann griff der Wind dem erschrockenen Schluchtgeist in den langen Flechtenbart, wirbelte ihn um und um und blies

ihn mit einer letzten Kraftanstrengung in seine Höhle zurück.

Diesen Augenblick nützten die angestauten Wellen, um die steinerne Sperre zu zertrümmern und mit tosendem Rauschen grosse Felsblöcke vor des Schluchtgeistes Höhle aufzutürmen. Noch wimmerte und heulte dieser in den Spalten des Felsens lange Zeit, doch seine Tyrannei war gebrochen.

Wie freute sich der Wind, dieser alte Geselle, seiner gelungenen Tat! Spornstreichs blies er das Tal hinauf, um der Bergfee Forla persönlich zu berichten. Die Wasser aber, jauchzend und sich jagend im Übermut und vor Freude, sprangen nun zu Tal, um sich mit den Wellen im See zu vereinen.

Die Bergfee Forla hat das Tor zu ihrem Wasserschloss nicht mehr zugetan. Unentwegt und voller Lebenslust tragen die grossen und die kleinen Wellenschwestern ihr kostbares Nass zu Tal. Auf ihrem langen Weg lassen sie Tieren und Pflanzen Labung zukommen. Ja, sie freuen sich daran, dass nun auch der Mensch den Weg vom See hinauf in die Berge gefunden und dabei erkannt hat, wie wichtig das kristallklare Wasser auch für ihn ist.

Manchmal aber geschieht es, — besonders an heissen Sommertagen, — dass die Lebenslust der Wellen zu erlahmen droht. Dann schickt die Bergfee Forla Boten zum Wind. Der treibt die schweren Regenwolken in die Berge und peitscht die Wasser so hoch auf, dass sie schäumend von den Steinen und Felsen springen. Ihr Urlied, vereint mit des Windes Lieblingsmelodie erfüllt nun wieder die Schlucht. Damit wird aber auch der Schluchtgeist, der in der tiefen Spalte lauert, an seinen Platz gebannt. Heute — und für lange Zeit.

39

Zwerg Isobar und die schöne Nixe Sela

Es war an einem Abend im Monat Juni, dass ich am Fenster im Waldhaus stand und auf den Silsersee hinunter sah. Ganz besonders liebe ich den Zauber der blauen Stunde, der das Bild dieses Bergsees immer wieder auf eigenartige Weise verwandelt und zum Erlebnis werden lässt.

Die blaue Stunde! Eine Zeitspanne zwischen Tag und Nacht, da die Farbe des Sees noch tiefer blaut und die umliegenden Berge sich wie mit einem Zeichenstift gemalt gegen den verblassenden Himmel abzeichnen, da die Erde den Atem anzuhalten scheint, dass auch ich mich kaum zu bewegen wage! Kein Abend zeigt sich wie der andere. Staunend stehe ich da, ganz im Schauen versunken. Auch heute!

Da glimmt im abendlichen Schatten am Ufer des Sees ein Licht auf, genau dort, wo die Halbinsel Chasté wie ein träger Drachen in das Wasser hinein ragt. Seltsam, es beginnt sich zu bewegen. Doch nicht einfach dem Uferrand entlang, nein, es bewegt sich bald höher, bald am Boden, verschwindet um die Spitze von Chasté, kommt erneut ins Blickfeld und strebt Maloja zu.

Was kann das nur sein? Ein Glühwürmchen? Nein! Eine Riesenheuschrecke, die sich noch einen Schlafplatz sucht? Nein, denn die leuchten nicht auf so grosse Entfernung hinweg, wenn sie überhaupt solche Leuchtsignale setzen können.

41

Als ich sah, wie sich das Licht an Maloja vorbei bewegte, zog ich schnell Mantel und Schuhe an und eilte — so gut es im Dunkeln ging — zu einer kleinen Anhöhe in der Nähe des Sees. Dort wartete ich mit wachsender Spannung auf das Näherkommen dieses Lichtes, das indessen Isola passiert hatte.

Isola ist ja die Landzunge, welche der Fedoz, ein wilder Bergbach aus der Gegend des Monte dell'Oro, mit seinem Geschiebe in den See hinaus getragen hatte.

Beim Näherkommen des Lichtes erklang auch in die Stille des Abends hinein der Ruf:

Uiii-jeee, Uiii-jeee.

Das Uiii ertönte gleichzeitig mit dem in die Höhe hüpfenden Licht, das jeee dann, wenn es in Bodennähe war!

Seltsam! Ich fand keine Erklärung für dieses eigenartige Verhalten. Angst begann in mir wach zu werden, Schauer rannen über meinen Rücken, wie erstarrt blickte ich auf das, was näher kam, immer näher auch das

Uiii-jeee, Uiii-jeee.

Als nun das Licht unten am Ufer an mir vorbeihüpfte, war ich so aufgeregt, dass ich meine Augen zukniff, anstatt sie weit aufzusperren — und vorbei war der Spuk.

Das Licht hatte bereits die Bucht umrundet, eilig bewegte es sich der Halbinsel Chasté entlang, um an ihrer äussersten Spitze zu verschwinden. Wie sehr ich auch spähte, es erschien nicht mehr ... So kehrte ich denn durch die finstere Nacht zurück in mein Zimmer und grübelte über das geheimnisvolle Licht nach, bis mich der Schlaf überfiel. Ich verbrachte eine unruhige Nacht, schreckte auf aus Träumen, die mit hüpfenden

Fabelwesen erfüllt waren — sie alle trugen Lichter in den Händen und verschwanden im Dunkel der Nacht, sobald ich sie fassen wollte.

Eine bohrende Unruhe verfolgte mich den ganzen Tag und ungeduldig erwartete ich den Abend. Die blaue Stunde fand mich, dem Ufer nahe, gut getarnt zwischen Bäumen und Sträuchern, auf einem Stein sitzend. Ein letzter Sonnenstrahl vergoldete eine Felsenkanzel, geruhsam segelten farbige Wolkenschiffe über die Häupter der Berge hinweg. Eines dieser Schiffe umgaukelte noch wie neckend das Felsenhaupt des Piz da la Margna. Das Blau des Sees wurde immer dunkler. Kräuselnd zog er seinen Wassermantel zusammen. Die Konturen des Waldes verschwanden in den vorbeiziehenden Nebelfahnen. Längst schon waren die Vögel verstummt und das graue Band der Malojastrasse ruhte vom Betrieb des Tages aus.
Es wurde dunkel und die Kälte kroch langsam an mir hoch. Ganz still war es unter den Bäumen, ja, auch ein wenig unheimlich. Sollte ich wohl meinen erstarrten Gliedern ein wenig Bewegung verschaffen? Oder wäre es besser, in die Wärme und Geborgenheit meiner Behausung zurückzukehren? Bevor ich aber einen Entschluss fassen konnte, da — was sehe ich?
An der Spitze der Halbinsel Chasté flammt das Licht wieder auf! Es eilt den Ufern des Sees entlang, wird kleiner und kleiner, bewegt sich vorüber am fernen Maloja, kommt näher, wird grösser — und der auf- und abschwellende Ruf
Uiii-jeee, Uiii-jeee

dringt an mein Ohr. Und jetzt hüpft das Licht ganz nahe an mir vorbei.

Ei, was sehe ich da? Wer kann es erraten? Eine Wanderheuschrecke? Wo sollte die wohl das Licht herhaben? Weder ein Häschen, noch ein Fuchs, auch kein Glühwürmchen, obschon das gar zu schön wäre!

Oh nein, es war ein Zwerg, drollig gekleidet in ein goldgelbes Wams, blaue Hosen und eine schwarz-weisse Zipfelmütze. Sein lustiger weisser Bart und die Bäcklein, rot wie Berner Rosenäpfel, leuchteten im Schein seiner Lampe, die er vor sich her trug, während er in der anderen Hand einen kleinen, irdenen Krug hielt.

Uiii machte er, wenn er in die Höhe sprang, und jeee tönte es, wenn seine kleinen Füsse den Uferrand berührten, während er über Blumen und Knospen hinwegspähte. Ohne Zweifel, der kleine Mann suchte etwas. Aber schon war er auf dem Weg nach Chasté, wo sein Licht, wie in der Nacht zuvor, verschwand. Gedankenvoll, aber zufrieden machte ich mich auf nach Hause, wo ich noch lange über das merkwürdige Erlebnis nachsann.

Wieder war ein neuer Morgen angebrochen. Schon hatten die ersten Sonnenstrahlen die erstarrten Formen der Engadiner Bergwelt zu neuem Leben erweckt. Die Spitze des Piz da la Margna gleisste und glitzerte im Sonnenlicht und sandte seine Grüsse hinunter zum Silsersee. Bewegungslos und still lag er da, wie mit flüssigem Silber übergossen erschien mir seine Wasserfläche, über welcher dünne Nebelschwaden wallten.

46

Der Morgenfriede, der über allem lag, füllte auch mein Herz, denn früh war ich aufgestanden und wanderte nun der Halbinsel Chasté zu. Ich wollte die Stelle ausfindig machen, wo jeweils das kleine Kerlchen mit seinem Licht verschwunden war. Vielleicht fand ich in einer Felsspalte den Zugang zur Höhle des Zwerges, denn das abendliche Geschehen liess mich nicht mehr los.

Was suchte wohl dieses Männchen Nacht für Nacht? Was trieb es so eilig über Stock und Stein rund um den See? Wenn es mir gelingen sollte, sein Vertrauen zu erwerben, wer weiss — vielleicht konnte ich ihm helfen bei seiner Aufgabe?

So kletterte ich über Felsen, kroch unter Bäumen und Sträuchern durch, wagte mich an steile Buchten und zog auch etwa einen Schuh aus einer sumpfigen Uferstelle. Doch vergeblich war meine Mühe. In dem Gewirr von Fels und Busch und Baum war keine Spur von meinem kleinen Freund — so nannte ich ihn bereits im Stillen — zu erkennen. Müde, zerkratzt und verschwitzt musste ich es für heute aufgeben, meinem Ziel näher zu kommen.

Aber — da lag ja noch der Abend vor mir, der mich von neuem an meinem Lauscherposten fand. Würde der kleine Wicht auch heute seine eilige Wanderung um den See unternehmen? Würde ihn auch ein Regenguss nicht von seinem Vorhaben abhalten? Denn der Tag hielt nicht, was der Morgen versprochen hatte. Schwere Gewitterwolken waren im Laufe des späten Abends aufgefahren, hatten das Licht des Mondes und der Sterne ausgelöscht, und nur ein fernes Wetterleuchten unterbrach von Zeit zu Zeit die vollkommene Finsternis.

47

In mir aber fieberte die Spannung. Ob wohl auch in dieser Nacht das Licht von Chasté aus seine Wanderung antreten würde? Meine Geduld wurde jedoch belohnt! Auf einmal leuchtete das Licht auf, blieb einen Augenblick stehen und begann darnach seinen Rundgang um den See. Wie könnte ich mich zu erkennen geben, ohne das kleine Kerlchen zu erschrecken? Ich sah gerade jetzt keine Möglichkeit.

Indessen war der Zwerg nicht müssig geblieben. Bereits hatte er die Landzunge bei Isola überschritten, abwechslungsweise tauchte sein Licht auf und verschwand von neuem, als er eiligen Laufes über die Bodenwellen hüpfte, Felsvorsprünge bezwang und wieder ans Ufer hinunter kletterte. Näher, immer näher ertönte auch sein Singsang

Uiii-jeee, Uiii-jeee . . .

und schon stand er da, unweit von mir, mit seinem Laternchen und dem irdenen Krug. So lange hatte ich nun auf ihn gewartet in meinem Versteck am Berghang, dass ich ob seinem plötzlichen Erscheinen eine unbedachte Bewegung machte. Unter meinem Fuss löste sich ein grosser Stein, rollte den Abhang hinunter und versperrte dem Zwerg den Weg.

Oh schrecklicher Augenblick! Mit einem Schrei sprang der Zwerg zur Seite, die Lampe entfiel seinen Händen und rollte ins Wasser. Auf einmal umhüllte uns Finsternis. Lange blieb es vollkommen still, kaum dass ich zu atmen wagte. In meinem Innern verwünschte ich die Ungeschicklichkeit, welche zu diesem Zwischenfall geführt hatte.

Da ertönte — zuerst zaghaft und leise, dann lauter und klagend, — der Gesang des Zwerges:

48

Oh je, oh je, oh je,
die Lampe liegt im See.
Oh je, oh je, oh je,
der Schluchtgeist kommt, oh weh!

Sein Lied ging mir zu Herzen — ich wäre am liebsten auf ihn zugelaufen, um ihn zu trösten. Doch ich zögerte, denn ich befürchtete, ihn zu erschrecken, ihm Angst zu machen und ungewollt zu verjagen. Denn er konnte mich im Dunkel der Nacht nicht sehen und würde mich vielleicht für den Schluchtgeist halten, vor dem er sich zu fürchten schien. Aber sein klagender Gesang:

Oh je, oh je, oh je,
die Lampe liegt im See.
Oh je, oh je, oh je,
der Schluchtgeist war's, oh weh!

wurde schwächer und schwächer und verstummte schliesslich ganz. Auch mir blieb nichts anderes übrig, als Schutz vor dem plötzlich einsetzenden, heftigen Gewitterregen zu suchen.

Wohl hatte das nächtliche Gewitter den Himmel von den schweren Regenwolken befreit und einen strahlend schönen Tag folgen lassen, umso trüber aber sah es in mir selber aus. Wie wenig hatte es gebraucht, um den Zwerg zu verscheuchen. Und wie weit lag des Rätsels Lösung noch vor mir!

Was für eine Bewandtnis hatte es mit dem Schluchtgeist, vor dem der Zwerg eine grosse, ja, fast panische Angst bekundete? Würde der kleine Wicht überhaupt erscheinen, um seine Lampe zu suchen, die nun im tiefen See lag und die ich nirgends entdecken konnte, so sehr ich auch nach ihr Ausschau hielt? Wie wollte er sie aus der Tiefe heraufholen, selbst wenn er sie hätte sehen können? Alles Fragen, die mich den ganzen Tag über beschäftigten, und die ich doch nicht beantworten konnte.

So blieb mir nichts anderes übrig, als mich des Abends wieder auf meinen Horchposten zu begeben und zu warten, in der Hoffnung, dass der Zwerg sich wieder zeige. Und wäre es auch nur, um seine verlorene Lampe zu beklagen.

Ich hatte kein Glück. Es war sehr still. Kaum dass eine Maus raschelte oder ein Käuzchen nach seinem Gespan rief. Nur der Wind strich sanft über den See und liess sein Nachtlied ertönen. Das klang, wie wenn in weiter Ferne viele Harfen gestimmt würden.

Auf diese Weise verging eine weitere Nacht, und auch diese sah mich in meinem Versteck, wo ich, trotz meiner inneren Unruhe gelernt hatte, ganz still zu sitzen, und dem nächtlichen Geschehen zu lauschen.

Dann aber wurde meine Ausdauer doch noch belohnt. An diesem Abend, als der Glanz des Silsersees langsam verblasste und die Dämmerung Busch und Stein einzuhüllen begann, näherte sich vorsichtig der scheue Zwerg meinem Lauschersitz. Er stand am Ufer, wo er seine Laterne verloren hatte und rief nun mit klagender Stimme über die stillen Wasser:

Oh je, oh je, oh je,
die Lampe liegt im See.
Oh je, oh je, oh je,
so dass ich nichts mehr seh!

50

Da! Auf einmal beginnt es im See zu brodeln und zu wallen, die Wasser teilen sich und wundersame Gestalten tauchen auf. Langsam schwimmen sie dem Ufer zu. Kaum traue ich meinen Augen — es sind Nixen, die bezaubernden Bewohnerinnen des Silsersees.

Das Wasser tropfte aus ihren langen, silbernen Haaren, die sie mit anmutigen Bewegungen von ihren schneeweissen Gestalten abhoben, um sie im lauen Abendwind trocknen zu lassen. Nun begann ihr Silberhaar in der Dunkelheit zu schimmern, sein Glanz erhellte den Ufersaum, wo der Zwerg immer noch sein Klagelied ertönen liess.

Jetzt näherte sich eine der Nixen dem Zwerg und rief:

«He Isobar, du Jammerzwerg, was ist denn passiert, dass du hier stehst und klagst und unseren Frieden störst?»

Isobar, — das also war der Name des kleinen Mannes, — liess nicht lange auf sich warten mit der Antwort.

«Oh Curtinelle» rief er aus, «wie gut, dass du gekommen bist. Meine Lampe liegt da unten im See. Ohne sie kann ich mein Versprechen nicht halten und den Zauberschlüssel nicht finden.»

Darauf sprach Curtinelle:

«Was schwatzest du denn solch wirres Zeug daher? Komm, Freund Isobar, erzähl uns deinen Kummer. Vielleicht können wir dir helfen.»

Isobars Gedanken jedoch kamen nicht von der verlorenen Lampe los und beinahe hätte er wieder sein Klagelied angestimmt. Doch fasste er sich schnell und sagte zur Nixe Curtinelle:

51

«Sicher kannst du mir helfen, und ich will es dir danken. Lass bitte meine Lampe von dem Seegrund heraufholen, und ich erzähl dir alles, was ich darf.»

Curtinelle rief nun der Jungnixe Marina, und bat sie, den Seegarten abzusuchen und die kleine goldglänzende Lampe des Zwerges heraufzuholen. Dann wandte sie sich erneut Isobar zu, und ermunterte ihn, seine Geschichte zu erzählen. Neugierig schwammen alle Nixen herzu und bildeten vor Zwerg Isobar einen Halbkreis.

Es war ein zauberhafter Anblick, diese wundersamen Nixen in ihrem schimmernden Haarkleid und vor ihnen Zwerg Isobar, der nun wieder etwas Hoffnung gefasst hatte.

«Curtinelle,» hub er an, «du kennst mein Amt, das ich seit vielen Jahren bei deiner Schwester, der Nixe Sela, getreulich ausgeübt habe und du weisst, welch bitteres Los sie dort draussen zwischen den Felsen von Chasté erleidet. Aiii, der Jammer überwältigt mich, wenn ich daran denke, wie der böse Schluchtgeist von Fedoz meine arme Herrin an ihrem silbernen Haar gefangen hält! Bald sind es sieben Sommer, seitdem er Macht über sie gewonnen hat, und wenn ich jetzt die Zauberwurz nicht finde, dann ist Sela weiterhin den Launen des hinterlistigen Schluchtgeistes ausgeliefert.
Oh weh-a, oh weh-a, Sela, oh Sela!»

Curtinelle schüttelte ihren Kopf und wies Zwerg Isobar zur Ruhe und sprach:

«Welch sonderbare Geschichte erzählst du uns da. Was soll denn diese Zauberwurz, von der ich noch nie etwas gehört habe, mit meiner Schwester Sela zu tun haben?»

52

Doch Isobar wusste Bescheid. Er antwortete:

«Die Zauberwurz treibt ihre seltenen Blüten nur in drei lauen Sommernächten und in einer dieser Zauberblumen liegt ein goldener Schlüssel, mit dem ich meine Herrin Sela befreien kann.»

Jetzt wurde Curtinelle doch aufmerksam. Neugierig, wie es nun einmal echte Nixenart ist, fragte sie:

«Woher weisst du denn das alles?»

Doch Isobar war recht einsilbig und sagte nur:

«Das ist mein Geheimnis. Ich darf es erst verraten, wenn ich den goldenen Schlüssel gefunden habe. Ich muss ihn finden, denn Sela lebt nur noch von dieser Hoffnung.»

Übermannt von seinem Kummer brach Isobar erneut in seine Klage aus:

«Oh je, oh je, oh je,
die Lampe liegt im See.
Oh je, oh je, oh je,
so dass ich nichts mehr seh!»

Er war rührend in seinem Schmerz um Sela. Auch mir liefen heisse Tränen die Wangen herunter auf meine Hände. Von Traurigkeit erfüllt war auch die ganze Nixenschar und Curtinelle suchte den Zwerg zu trösten:

«Sei guten Mutes, Isobar! Gewiss wirst du meine Schwester erlösen. Sie hat nun genug gelitten für ihren Leichtsinn. Wie oft haben wir Sela gewarnt, nicht mit dem Schluchtgeist zu spielen und ihn zu necken. Er wollte sie zur Frau haben und sie in seinen Sommersitz in Chasté holen. Doch Sela war zu jung, sie hat ihn nur ausgelacht und vergass dabei, welche

55

Macht der Schluchtgeist in seinem Zorn über sie hatte. Aber schau, — Isobar, — Marina hat deine Lampe gefunden. Trockne sie und lass sie wieder leuchten. Befreie meine Schwester Sela und komme hieher, wenn wir im Abendwind unsere Haare trocknen. Wir sind gar zu begierig, deine Geschichte zu Ende zu hören. Lauf, Isobar, lauf, wir wünschen dir gutes Gelingen.»

Langsam schwammen die Nixen zurück in den See und verschwanden in den Wellen, nur ihr Silberhaar leuchtete noch für einige Zeit durch das klare Wasser herauf zu Isobar, der sich an seiner Lampe zu schaffen machte und bald im Dunkel der Nacht verschwand.

Ich weiss nicht, wie lange ich noch da sass in meinem Versteck, selber wie verzaubert, und hinausschaute in die Nacht. Doch alles blieb still und kein Licht leuchtete mehr auf bei Chasté.

Gewiss war Zwerg Isobar zurückgeeilt in seine Höhle, wo er als tüchtiger Handwerksmann, wie es die meisten Zwerge ja sind, seine Lampe reinigte, mit frischem Öl füllte und einen neuen Docht einsetzte. Denn — sein Licht musste wieder leuchten und ihm helfen, die Zauberblume zu finden.

Mit diesen Gedanken beschäftigt, wandte ich mich dem Waldhaus zu.

Lange bevor sich die Dämmerung über Berg und See senkte, hatte ich mich in meinem Versteck eingefunden. Das bestimmte Gefühl, dass sich das seltsame Geschehen einer Lösung entgegen drängte, liess mich nicht mehr los, und ich wünschte so sehr, Zeuge eines glücklichen Endes dieser Geschichte zu sein!

Ich wartete. Langsam zerrann die Zeit. Nochmals liess ich die Bilder des zu Ende gehenden Tages vor mir erstehen: die stillen Waldwege, die ich gegangen war, mit ihrem Spiel von Licht und Schatten, die blühenden Bergwiesen mit den taufrischen Alpenblumengesichtern, welche mich auf meiner Wanderung lächelnd begrüsst hatten. Ich glaubte von neuem die Urmelodie wildstürzender Bergwasser zu vernehmen.

Im blausamtenen Himmelsdom funkelten die Sterne. Die Bäume auf Chasté standen wie schweigsame Wächter über dem See, langsam verschmolz die Schönheit meiner engeren Heimat mit dem Zauber der geheimnisvollen Erlebnisse zu einem wunderbaren Traum.

Endlich glomm ein Licht auf: das kleine Licht auf Chasté! Es war die Lampe unseres Freundes Isobar, der hüpfend das Seeufer umrundete, wie an den Abenden zuvor. Da und dort verweilte das Licht für kurze Zeit am selben Ort, um dann seine unruhige Wanderung wieder aufzunehmen. Schliesslich erreichte es Isola, wo es im steinigen Schwemmland des Fedoz lange, bange Minuten am selben Ort verweilte.

War Isobar etwas zugestossen? Doch nein, das Licht bewegte sich wieder, es strebte dem Treffpunkt der Nixen zu, verschwand hinter einer Bodenwelle, überquerte die letzte Berglehne und schon erschien Isobar am Ufer, gemessenen Schrittes, Lampe und Krüglein sorgfältig vor sich her tragend.

In beinahe greifbarer Nähe stand Isobar still, lauschte, und rief dann leise nach den Nixen.

57

Die hatten schon seit geraumer Zeit im Wasser gespielt und waren gleich zur Stelle, sie winkten und riefen durcheinander:

«Isobar, Isobar, hast du Glück gehabt? Isobar, hast du den Zauberschlüssel gefunden? Komm, zeig uns, was du in deinem Krüglein mitbringst. Du bist uns deine Geschichte schuldig, Freund Isobar.»

Voller Unruhe trat Zwerg Isobar von einem Fuss auf den anderen und rief leise:

«Versprochen ist versprochen! Die Geschichte werdet ihr schon noch hören. Der Zauberschlüssel liegt in diesem Krug. Aber lasst mich vorerst zu meiner Herrin Sela eilen, um sie von der schrecklichen Ungewissheit zu erlösen. Wartet hier auf mich, ich werde eure Schwester und Spielgefährtin zurückbringen.»

Und schon war Isobar wieder auf seinem Weg, das Krüglein nun fest an seine Brust gepresst und den Pfad mit der Lampe erhellend. Isobar strebte Chasté zu und verschwand schliesslich an der äussersten Spitze der Halbinsel.

Nun hub erneut das Warten an. Plötzlich wurde die atemlose Stille von einem unheimlichen Fauchen unterbrochen. Schmerzensschreie drangen von Chasté herüber, gefolgt von einem Donnerschlag. Geradezu unerträglich war die Spannung geworden und selbst die Nixen hatten ihre Spiele eingestellt und lauschten erschreckt und aufmerksam nach der Halbinsel hinüber. Langsam kam das Licht zurück, auf demselben Weg, den es zuvor gegangen war, und gleich darauf war Isobars Stimme zu hören:

«Oh Herrin Sela, folge nur meinem Licht. Es ist nicht mehr weit, dort drüben wartet die ganze Nixenschar auf dich. Fasse Mut, Sela! Sie werden dich pflegen und dein Haar kämmen, bis es wieder glänzt wie ehedem. Ich will dir weiterhin dienen, Sela, alles wird wieder sein wie früher. Glaube es mir!»

Nun erschien Sela, mit zögernden Bewegungen tastete sie sich vorwärts zum Ufersaum, mit gefalteten Händen schaute sie hinaus über die Wasser.

Da löste sich eine Gestalt aus der wartenden Nixenschar und schwamm eilends ans Ufer. Es war Selas Schwester, die Nixe Curtinelle. Sie erhob sich über das Wasser und ergriff Selas Hände und rief aus:

«Oh weh, Sela, was hat man dir angetan! Dein Haar ist matt, deine Glieder sind steif, und deine Gestalt hat alle Anmut verloren. Aber du lebst, Sela, du lebst! Wir werden dich pflegen. Es wird alles wieder gut werden, Sela. Welch Freudentag für uns, dich Sela, wieder in unserer Mitte zu haben!»

Dann wandte sich Curtinelle an die Jungnixen:

«Sibylle, kämme Selas Haar, bis es wieder leuchtet, wie rechtes Nixenhaar es tun soll. Und du Marina, hol Arnikabalsam für Selas Glieder, Parnassiasalbe und den Augentrost Euphrasia!»

Eifrig bemühten sie sich, um die Spuren von Selas langer Gefangenschaft zu mildern. Bald begann Selas Haar wieder zu glänzen. Perlenschimmer war es geworden, mild und wunderbar leuchtend, sanft und zart, so wie sich auch Selas Sinn gewandelt hatte. Indessen aber breitete Isobar, der vor Stolz und Glück und Erleichterung strahlte, alle seine Geheim-

59

nisse vor den neugierigen Nixen aus. Und so begann er:

«Vor langer Zeit hat mich Sela durch eine List aus den Fängen des Schluchtgeistes errettet. Wie das kam, wollt ihr wissen? Das ist eine lange Geschichte, die will ich euch ein andermal erzählen, — aber seit jenem Tag bin ich Sela in Treue und Dankbarkeit ergeben. Nun wisst ihr auch, warum mir ihr Schicksal so sehr zu Herzen gegangen ist! Immer wieder habe ich mir den Kopf zerbrochen, wo ich Hilfe finden könnte. Aber der Schluchtgeist ist ein garstiger Geselle und mit grosser Macht ausgestattet. Alles fürchtet ihn und geht ihm, wenn immer möglich, aus dem Weg. Ihr habt ja seine Macht an euch selber erlebt. Hat er nicht den halben See mit seinem Bannspruch belegt, damit ihr nie zu eurer unglücklichen Schwester hinausgelangen konntet? Auch ich bin gegen diese unsichtbare Mauer gerannt!

Dann stiess ich eines Tages bei meinem Hin- und Herwandern auf die alte Dachsdame von Chasté. Die war bitterböse und wollte gleich wissen, warum sie nicht mehr auf den Felsen von Chasté ihre alten Glieder wärmen konnte. Natürlich wusste ich Bescheid, und Melina, das ist der Name der Dachsdame, schaute mich aus ihren bösen Äuglein durchdringend an. Sie ärgerte sich gewaltig. Dann sagte sie:

«Ich lebe in einer Höhlenwohnung mit vielen Ausgängen. Wir wollen doch mal sehen, ob dieser aufgeblasene Tyrann auch Macht hat unter der Erde.»

So machten wir uns gleich ans Werk und prüften alle Ausgänge, die von der fleissigen Melina gegraben worden waren. Und wirklich, der Bannstrahl reichte nicht bis in ihr

Reich hinunter. Einen besonders weit nach Chasté hinaus-
laufenden, und bisher kaum benutzten Höhlengang habe ich
mit Melinas Hilfe erweitert, und durch diesen brachte ich Sela
jeden Tag Speise und Trank.

Melina zeigte mir auch viele Plätze, wo ich Beeren pflücken
und Honig sammeln konnte. Sie freute sich meisterlich über
den Streich, den wir dem Schluchtgeist spielten. Melina hatte
wieder ihren Felsen auf Chasté und ich konnte jederzeit zu
meiner Herrin gelangen. Aber ihrer Befreiung war ich noch
keinen Schritt näher gerückt. Auch Melina wusste da keinen Rat.

Eines Tages hatte mich der Kummer besonders weit
fortgetrieben und ich sass am frühen Morgen müde und traurig
auf einem Baumstumpf in Larêt. Auf einmal stand die Waldfee
Lareta vor mir. Gewiss kennt ihr die gütige Fee im moosgrünen
Kleid! Stets trägt sie einen Kranz von frischen Bergblumen in
ihrem Haar. Ach, wie genau erinnere ich mich an diese
Begegnung, hatte sie sich doch an diesem Tag mit einem Kranz
gelber Arnikablumen geschmückt. Eine wahrhaft königliche
Erscheinung! Unsere gute Waldfee Lareta!

Sie sagte zu mir: «Was macht dich denn so traurig, Isobar?
Schon seit geraumer Zeit habe ich dich beobachtet. Du weisst
es, in meinem Reich sollen nur Glück, Freude und Harmonie
wohnen. Selbst die Menschen spüren das, was Wunder, dass sie
aus aller Welt hieher kommen, um an Leib und Seele zu
gesunden. Darum möchte ich, dass auch du ein glückliches
Gesicht trägst. Was kann ich für dich tun, sprich es aus, Isobar.
Ich höre, Isobar, ich höre!»

61

Wie froh war ich, der Waldfee Lareta mein Herz ausschütten zu dürfen. So sprach ich zu ihr:

«Oh gütige Lareta, wie kann ich fröhlich sein, wenn meine Herrin Sela schon bald sieben Sommer in den Felsspalten von Chasté gefangen ist?»

Darauf fragte mich die Fee: «Du sprichst von der lieblichen Nixe Sela, täusche ich mich nicht, Isobar? Dieselbe, welche jeweils den Reigentanz der Nixen anführte? Also darum habe ich sie nie mehr gesehen? Wie oft habe ich doch ihr fröhliches Spiel vermisst! Sag mir, wer ists, der deine Herrin so grausam gefangen hält?»

Darnach erzählte ich Lareta, was ihr alle schon wisst. Wie dieser Grimmbart von einem Schluchtgeist die schönste aller Nixen zur Frau begehrte und wie Sela ihn abwies. Als ob Sela an der Seite dieses Griesgrams hätte glücklich sein können!

«Wie gut kann ich deine Herrin verstehen» — entgegnete die Waldfee nachdenklich, — «nicht umsonst hat der Berggeist vom Monte dell'Oro seinen Vetter aus dem eigenen Reich vertrieben. Auch dort störte der launische Geselle den Frieden, und in seiner einsamen Höhle in der Schlucht von Fedoz hat er sich wohl kaum gebessert. Aber wie können wir der Nixe Sela helfen, mein Freund? Lass mich nachdenken, Isobar, denn ein gar mächtiger Zauber muss es sein, wenn wir deine Herrin dem Schluchtgeist entreissen wollen...

Hör gut zu, was ich dir jetzt sage, Isobar! In meinem Reich rund um den Silsersee, wächst die Zauberwurz. Sie blüht zur Zeit der Sommersonnenwende, aber nur für wenige Abende öffnet sie ihre Blütenblätter. Die Blume ist zartblau und

62

bescheiden, aber eine ganz besondere Kraft steckt in ihr. Pflückt ein Unwürdiger diese Blume, um sie gleich wieder wegzuwerfen, so verliert er sein Augenlicht für sieben mal sieben Wechsel des Mondes. Findet aber eine Seele in Not die offene Blüte und vermag sie den Zauberschlüssel zu bergen, der zwischen den Kelchblättern liegt, so befindet sich grosse Macht in ihrer Hand. Weiter merke dir: die Blume darf dabei keinen Schaden erleiden! Der Zauberschlüssel öffnet alle Tore, ob aus Eisen, Stahl oder Stein. Mit seiner Hilfe kannst du Sela befreien!»

«Hast du alles verstanden?» — fragte mich die Waldfee, und als ich bejahte, streckte sie mir ihre beiden Hände entgegen, und siehe da, in ihnen befand sich dieser kleine Krug, den ich seither immer bei mir trage.

«Wenn du den Zauberschlüssel gefunden hast, Isobar, lege ihn sorgfältig auf das weiche Mooskissen, das sich im Krug befindet. Und sei vorsichtig.» — warnte sie mich, — «der Zauberschlüssel ist ein gar seltsames Ding, lasse dich nicht zu bösen Worten oder Verwünschungen verleiten, es würde dir schaden!» Nun könnt ihr euch vorstellen, wie erleichtert ich war, und wie dankbar! Weder zweifelte ich an der Macht des Zauberschlüssels, noch daran, dass ich ihn finden würde. Die Sommersonnenwende sollte in diesen Tagen eintreten, und wenn ich nur recht emsig nach der Zauberwurz und ihrer wunderbaren Blume Ausschau hielt, konnte es gar nicht fehlgehen. Von Gold und Silber aus unserer Schatzkammer als Belohnung für ihren wertvollen Rat wollte die Fee nichts wissen. Ihr Schmuck seien die Waldblumen und meine Treue zur unglücklichen Nixe Sela sei ihr Belohnung genug. Ehe

65

ichs recht versah, war die Fee verschwunden, so wie sie mir erschienen war.

Ich habe sie gesucht, die Wunderblume, jeden Abend viele Stunden lang und mein Fleiss wurde belohnt. Bei Isola hat sie geblüht, und der goldene Zauberschlüssel lag auf dem Grund des Blütenkelches. Behutsam, ganz behutsam hob ich ihn aus dem Kranz der Blütenblätter und bettete ihn auf das Mooskissen im Krug.

Dann bin ich nach Chasté hinausgelaufen, — fuhr Isobar fort, — ihr habt mich ja gesehen auf meinem Weg dorthin. Der Zauberschlüssel im Krug aber schien mir gar nicht aus totem Metall zu sein, sanft schimmerte er auf dem Moosbett, und ein feines Stimmchen, das aus dem Krug kam, drängte mich vorwärts. Es sprach: «Schliess auf das Tor, Isobar, noch ist es Zeit, aber morgen ist's zu spät!»

Ich verdoppelte meine Schritte und das Stimmchen raunte mir zu: «So ist's recht, Isobar, denn deine Herrin wartet auf dich!»

Schliesslich erreichte ich Melinas Höhleneingang, eilte hindurch und bald befand ich mich bei der Felsenspalte, hinter welcher Sela zwischen Hoffnung und Bangen schwankte. Denn von ihrer Warte aus konnte sie ein weites Stück Ufer überblicken und ist wohl Nacht für Nacht meinem Licht gefolgt. Ich stellte meine Lampe auf den Boden und nahm den Zauberschlüssel aus dem Krug. «Zeige mich Sela! Schnell, Isobar! Befreie Sela!» drängte das Stimmchen.

In diesem Augenblick erhob sich ein schreckliches Sausen in den Bäumen und mit grimmigem Fauchen und Grollen fuhr der Schluchtgeist auch schon auf mich los. Mir wurde angst und bange, denn gewiss hatte er hier seit langem auf mich gelauert.

Da begann der Schlüssel in meiner Hand zu summen und zu zittern, er wuchs nach beiden Seiten, wurde grösser und grösser, je näher der Schluchtgeist kam, viel, viel grösser als ich, ein selbständiges, mächtiges Wesen. Sein oberes Ende erglühte und Funken sprühten nach allen Seiten, mir kam es vor, als wäre es der Zorn in Gestalt.

Blindwütend griff der Schluchtgeist nach dem Zauberschlüssel, aber da zischte es. Schrecklich aufheulend zog der Bösewicht seine versengte und rauchende Hand zurück. Der Schlüssel surrte und brummte, und wollte ihm folgen. Aber der Schluchtgeist rannte davon, und je weiter er sich entfernte, umso kleiner wurde mein Zauberschlüssel, bis er wieder seine frühere Gestalt angenommen hatte.

Endlich konnte ich ihn meiner armen Herrin in ihre ausgestreckten Hände legen. Tief neigte sie ihr Antlitz, eine Träne löste sich von ihren Wimpern und fiel auf den Zauberschlüssel.

In diesem Augenblick fuhren die Felsen mit einem Donnerschlag auseinander. Selas langes Haar, das bisher in einer Felsnische eingeklemmt war, fiel über ihren Rücken und nun war meine Herrin endlich frei.

In der Freude des Augenblickes hatten wir kaum bemerkt, dass sich der Zauberschlüssel in ein leuchtendes Sternlein verwandelte, das über den See wegschwebte, und nun in der Zauberblume darauf wartet,weiteren Seelen in Not zu helfen.

67

Und jetzt, — fuhr der Zwerg fort, — da ich meine Herrin Sela wieder im Kreise ihrer Gespielinnen geborgen weiss, befällt mich grosse Sehnsucht nach meinem Volke, das in den tiefen Höhlen des Piz da la Margna den Kristallschatz hütet und mehrt.

Zuvor aber möchte ich, dass ihr mir den Krug der Waldfee mit duftendem Arnikabalsam füllt. Den will ich der alten Dachsdame Melina bringen, sie soll damit ihre gichtigen Gelenke einreiben. Und wenn der Krug leer ist, sollt ihr ihn immer wieder füllen und bei den Felsen von Chasté hinstellen. Ich schulde Melina grossen Dank, denn sie hat mir Gastrecht gewährt, in ihrer Höhle habe ich alle Jahre von Selas Gefangenschaft gehaust, und dort meine kleine Werkstatt eingerichtet.

«Seht euch diesen Aronstab aus Bergkristall an» — rief Isobar aus, und damit zog er ein fein geschliffenes Juwel aus dem Wams, — «den habe ich in Melinas Höhle geschliffen in den Jahren, da ich Sela diente in Chasté. Diesen Aronstab will ich der gütigen Waldfee Lareta bringen als Dank für ihre grosse Hilfe.»

Doch nun kam die Nixe Curtinelle näher und wandte sich an den Zwerg:

«Du guter Freund Isobar, deine Dankbarkeit gilt allen, die dir geholfen haben in deinem schweren Amt. Du scheinst dich selber vergessen zu haben. Aber auch wir wollen dir danken, für deine Umsicht, deinen Fleiss, deinen Mut. Ein Fest wollen wir dir bereiten nach Nixenart, gib uns drei Tage Zeit und sei wieder zur Stelle, wenn die Dämmerung hereinbricht.»

68

Und so geschah es. Wer könnte es mir verargen, ebenfalls zur Stelle zu sein, um das Fest der Nixen mitzufeiern als stille Beobachterin?

Zum letztenmal sah ich das Licht von Chasté aus näherkommen. Zwerg Isobar, sauber gewandet und mit frisch gekämmtem Bart, erschien und stellte feierlich seine Lampe ins niedere Gras. Der Mond war soeben über die Berge gestiegen und erfüllte das liebliche Tal mit seinem Schein. Wie ein Spiegel lag der See, aber in Ufernähe plätscherten lebhaft die Wellen, in welchen sich immer mehr Nixen versammelten. Silbern schimmerte ihr Haar, einem kostbaren Spitzengewebe gleich fiel es über ihre lieblichen Gestalten, als sie sich nun aus dem Wasser erhoben und ein Spalier bildeten. Durch dieses glitt jetzt die stolze Nixe Curtinelle, ein goldenes Krönlein im Haar, bis zu unserem kleinen Helden, der bewegungslos am Ufer stand. Mit glockenheller Stimme wandte sie sich nun an ihn:

«Zwerg Isobar, du guter Freund, mehr als für alles, was du für unsere Nixe Sela getan hast, danken wir dir für deine Treue. Zum Beweis dafür haben wir in drei Tagen und drei Nächten diesen Perlenkranz für dich geschaffen. Er stellt den Tanz der Nixen dar, wie du ihn so oft gesehen hast. Und zur Erinnerung, sieh hier, in des Kranzes Mitte den kleinen, goldenen Schrein; er enthält eine Locke aus Selas Haar.»

Bevor sich Isobar vom Staunen erholen konnte, ging eine neue Bewegung durch die fröhliche Schar. Die Nixe Sela war in ihrer Mitte erschienen. Ihr langes Silberhaar wurde von einem reich mit Türkisen und Smaragden verzierten Goldreif

71

festgehalten. Aber mehr als alle Edelsteine leuchtete die Dankbarkeit aus Selas Augen während sie sprach:

«Freund Isobar, in meinem Unglück hast du mir gedient, du warst mein einziger Trost in der Einsamkeit. Zu deinem Volke willst du zurück, das verstehen wir wohl. Nie aber soll deine Treue vergessen sein im Nixenreich. Neige dich her zu mir! Nimm dieses Geschenk aus der Schatzkammer des Wasserschlosses, ein Erbstück aus alter Zeit. Siehe diese Lampe aus Gold, fein ziseliert und reich mit Perlen geschmückt. Darüber spannt sich ein durchsichtiger Kreis aus reinstem Bergkristall. Und siehe, Isobar, in seiner Mitte den Aquamarin in der Form einer Kerzenflamme, sein blaues Licht tausendfach gebrochen im Bergkristall.

Siehe den milden Schein, der vom Aquamarin ausgeht: dieses Licht erlischt nie, so wenig, wie meine Dankbarkeit je erlöschen wird. Es soll dich begleiten und erinnern an Chasté und an deine Nixe Sela.»

Stumm vor Freude und Rührung, nahm Isobar die kostbare Gabe entgegen und tief neigte er sich über Selas ausgestreckten Händen. Der Abschied schmerzte ihn und seine Augen füllten sich mit Tränen. Langsam zogen sich die Nixen zurück. Aber Sela blieb.

Isobar fasste sich. Er versprach mit herzlichen Dankesworten, jederzeit ihr treuer Diener zu sein, wenn sie seiner bedürfe. Dann verschwand auch Sela in den Fluten des Sees.

Lange noch stand Isobar am Ufer, eine einsame Gestalt, um sich schliesslich auf den Weg zu machen zu seinem Volke im Berge.

Meine lieben Märchenfreunde.

Das ist die Geschichte vom Zwerg Isobar und der schönen Nixe Sela. Wann immer ich durch die Wälder am Silsersee streife, hoffe ich, die Waldfee Lareta anzutreffen, oder dem Zwerg Isobar zu begegnen.

Oft sitze ich des Abends in meinem Versteck am See und lausche. Dann glaube ich, in den dunklen Wassern die Schar der Nixen spielen zu sehen, — oder ist es nur das Licht der Sterne, das auf dem sanften Gekräusel der Wellen tanzt? Der Wind raunt in den Ästen, die Haselmaus raschelt im Laub, ein Käuzchen ruft, wie damals, als ich dem Zwerg Isobar und seiner Herrin Sela begegnete.

Oder war dies alles ein wunderschöner Traum gewesen, in dem ich hörte, was der Silsersee erzählt?

Wie dem auch sei, Leza Uffer, der Sammler und Erforscher rätoromanischer Volkserzählungen, hat es in dankenswerter Weise übernommen, die Geschichte vom Zwerg Isobar und der schönen Nixe Sela in eine rätoromanische Fassung zu bringen. Unsere Freunde rätoromanischer Zunge finden dieses Märchen anschliessend an den deutschen Textteil. Doch sind die Wunder, die wir täglich um uns sehen können, nicht an diese oder jene Sprache gebunden, es genügt ein offenes Auge und ein offener Sinn.

Ihre Irma Dorizzi

73

Isobar e la biala Sela

Id eira ena bialezia seira da mesa-stad. L'ura tranter di e notg. L'ura blaua chi transmeida minchamai misteriusamaing la cuntrada dal Lai da Segl. L'ura da seira-sontga chi fo da queist daletgeivel muond alpin en reginom da mageja e d'anchant.

Violanta, la pauvra pastureta da Val Fed, aveiva lasho l'alp avant cha il suleil geiva da rendieu per turnar a val sen far seira. Arivond or dal god da lareshs e vesond il lai quiet chi rafletgaiva fingio la dulsha glieish da la mesa-glieina, Violanta surstet...

A la reiva dal lai blo-neir, propi lò nua cha la peneisla da Chasté sa chatsha aint per l'aua scu la gnafa d'en dragun dormulaint, ela chata ad agur ena glieish. Ena glieish chi sa muvainta e suonda igl ur dal lai, balantshond sei e giu scu en utshi ondulont plaun-sieu tras l'aria seirala.

Per en omen la glieish svanesha davos il muot Chasté, tuorna puspei ad oil e cuntinuesha passond Plaun da Lej sia cuorsa agitada an direcziun da Malögia.

Chei mai po quei esser? En bau chazola? En salip gigant a la tshercha d'en ancarden nua passantar la notg? Na e madina. Dantant la glieish ò fatg il gir dal lai ed ei scumparida davos il god dadains Isola.

Violanta na vegn betg or da las marveglias, ambleida d'eir a chasa e cuora vei sen en botet agl ur dal lai, plaina buonder da veir la glieish vegnir antuorn la peneisla d'Isola e passar suot vei per turnar a sieu puontg da partenza a Chasté.

E da veiras, anetgamaing la glieish cumpara darcho e vegn plei e plei da maneivel ed adena plei clara. Passond la glieish uossa giu suot la matela, queista auda en clom chi sa lamainta:

Uiii-jeee, uiii-jeee.

Il plant e lamaint s'acorda al ritem dal muvimaint ondagiont da la glieish. Cura cha queista sa leva ins auda igl uiii e cura cha ela sa sbassa vers il fuons ins sainta igl jeee.

Violanta cuora svelt giu per la scarpa, ma arivada a la reiva ela ei usheja agitada ch'ampei da far oiluns ela sera igls oils ed ils zuopa parfin davos ils mauns . . . Ed an en shi e na l'apariziun ei passada.

Cura cha la pastureta risca da dar en chit tranter la deta or, la glieish ei gio ida antuorn il pitshen golf da Segl Maria e svanesha davos il muot Chasté. Violanta uarda e gueta e spetga, ma la glieish na cumpara betga plei.

La mateta get a chasa, malcuntainta ed inquieta, na tant per la tema da las raproshas da bap e mama per esser turnada peir aint per la notg, ma pleitost per aveir manco da svelar il misteri da la glieish ambulonta. Ma amo sen veja vers chasa ela sa decidet da sa meter la seira sieva puspei a la gueta e da tegneir la seguonda giada igls oils grond avierts.

Violanta na pudet betga sa durmentar quela notg. Sia sien eira malruasseivla ed ela crudet d'en siemi an l'oter. Ed an mincha siemi la matela anscuntraiva essers fabulus chi purtaivan glieishs aint ils mauns e balaivan e saltaivan antuorn ela, e

76

minchamai cha ela ils vulaiva pigliar, els svanivan an la stgeiraglia da la notg.

Il di sieva, davo giantar Violanta aveiva da turnar ainten Val Fed. Ela dŝet adieu als genituors e partit. Ma arivada sei aint il god sh'anstagl da cuntinuar sieu viadi ela get en toc aint per il chagliom e sa zupet per spetgar il crepuscul da la seira. Ela vuleiva sur mort e fin scuvrir il misteri da la glieish da Chasté. E da far la veja da l'alp da notg, ela n'aveiva zitg tema. Ela la cunuosheiva bain avuonda e la glieina creshainta li serviva da muossa-veja.

Violanta eira intenziunada da spetgar l'ura tranter di e notg cun la speranza da veir puspei la glieish partir da Chasté per far da novamaing il tur dal lai.

Il vent da Malögia porta cun sei la seira. L'ura blaua chata Violanta sper la reiva dal lai e zupada tranter chaglias e frustgom. Per sa tshantar ela anfla en crap glish cuviert da mestgel. Ela spetga. I cumainza a far freistg. Las davosas alas dal suleil spartieu surdoreshan ils fins neivelets chi, tantas ligeras barchinas, nodan tras il tshiel sur Murail. L'aua dal lai vegn vei e plei neira e Violanta vul bunamaing perder il curaŝi...

Ma uarda! Chei vesla vei lò?... La glieish cumpara tuot an ena or ansom la peneisla da Chasté. Ed ela cumainza puspei sia cuorsa per lung dal rieven, vegn vei e plei pitshna, scumpara davos Plaun da Lej, ei darcho visibla e fo la storta da Malögia. Ela svanisha puspei e sieva en'ureleta ela vegn da novamaing ad oil no da la banda d'Isola. E la glieish vegn plei clara e plei gronda, e Violanta chi giza las ureglias auda tuot an ena darcheu il clom chi cresha e sa deblesha cul ir sei e giu da la glieish:

Uiii-jeee . . .

Ed uossa la glieish passa sa uzond e sa sbassond a paca distanza da la matela zupada tranter il chagliom.

En verm da glieish? En salip gigant?

Id eira en nanin, cun ena giaca melen-or, chotshinas blauas ed ena chapetsha cun baloca a sdremas alv-neiras. Sia legra barba alva e sias massialas cotshnas scu meila glişivan a la cleritad da sia linterna cha el purtaiva an en maunin, dantant cha igl auter manotel tegneiva en vasin da tiaracotga.

Ed el faŝeiva uiii cura cha el sagliva ad ot e jeee cura cha sieus peis tuchaivan la reiva. El geiva guetond e spiunond suravei flurs ed ervas. Sainza dubi, igl umin tsherchaiva ensachei. Ma gio el s'alontanet vers Chasté, nua sia glieish svanit scu la notg passada.

Violanta turnet sei tras il god e chatet bain bod la veja da Val Fed. Passond vei ed aint la mateta ponderesha scu s'anŝegnar per pudeir turnar la terza seira a la reiva dal lai. Uossa cha ela aveiva vieu cha la misteriusa glieish eira la linterna aint ils mauns d'en nanin e cha ela aveiva ancletg cha quel parcuriva la reiva dal lai tsherchond qualchaussa, ela na pudet plei rasister al desideri da vegnir da scuvrir il misteri dagl umin selvadi. Chi so chei cha el ancuriva mincha notg? Chei raŝuns il chatshaivan seira per seira antuorn il lai?

E Violanta painsa cha il nanin pudess aveir da basegns d'ageid e s'imagina cha ela forsa pudess esser buna da il gidar.

Las sumbrivas dal Piz La Margna curvivan fingio il plaun da la Val Fed cura cha Violanta bandunet sia muntanera per

78

ir a val. Ela get puspei giu per il god e sa zupet da maneivel dal lai, al lieu nua cha ela aveiva vieu gio duas giadas a passar il nanin. La seira n'eira betga plei ushé biala seraina scu las duas seiras precedaintas. Gros neivelatshs d'urezi sa stumplaivan sei da Bergiaglia e no da Set. Il lai eira grish-neir e levas uondas ancrespaivan sia surfatsha. Chi so sha igl umin selvadi turnaregia a far sieu gir sh'avess da vegnir en'aura stamprada cun temporals e burascas?

Violanta stat e uarda an direcziun da Chasté danuonder la glieish aveiva antshiet il tur dal lai ier seira e stersas seira.

E meira! La glieisch cumpara, stat salda en omen e cumainza, malgro ils prems plušins, igl usito viadi antuorn il lai. La giuvneta ponderesha en mumaintin cu ela pudess reushir a sa far veir dagl umin sainza cha el sa spavainta. Cu li far ancleir cha ela il vuless gidar?

Dantant la glieish ò fatg darcho la storta da Malögia ed ei svanida davos la presteisla d'Isola. Ma pac sieva Violanta la vesa puspei a vegnir, plei gronda, bler plei clara, e paca peza suainter la pastureta auda il lamaint:

Uiii-jeee, uiii-jeee...

Ed an en bater d'oil la matela po distinguer mincha detail da la strauna apariziun e vesa cha il nanin porta cun sei scu las otras seiras la linterna ed il vasin da tiaracotga.

Al vent chi bofa adena plei fitg la linterna balantsha vei e daplei e la lunga barba alva dal nanin para da li svular davent.

Tuot anetg en furius chametg transmeida il lai e las muntognas an ena fulminonta scenareja da fieu e flomas ed en teribel tun strasuna no da la chavorgia dal Fedoz. Il dragun!

79

Violanta surstat e peglia tema per sei-seza e per il nanin. Il dragun neir chi speida fieu ed arsainta tuot quei cha li vegn an veja sto aveir banduno sia tauna.

La linterna dal nanin ei stizada . . .

E Violanta sainta la chantinela dal nanin, a l'antshata esitonta e temaletga, bainbod plei ferma e planŝonta:

> Dolur, dolur,
> la lampa ei aint il lai;
> la flur, la flur
> na poss chatar ieu mai.

La pitshna Violanta sa cuntristet e daventet tuot malinconica ed il plei gugent ela fuoss curida giu tar il nanin per il cunfortar. Ma ela temeiva da spaventar igl umin e da li far creir cha fuoss il dragun dal Fedoz parchei ela eira persvasa cha il sofel dal dragun aveiva stizo la glieish e fatg crudar la linterna ainten l'aua dal lai.

Usheja la matela stet quietina ed audit puspei la chantinela dal nanin:

> Dolur, dolur,
> la lampa ei aint il lai;
> sgriŝur, sgriŝur,
> il naush dragun, pomai . . .

Plaun-sieu il temporal passet da l'Engiadina or e giu ed aint vers il Bernina. Las uondas dal lai sa quietetan e las premas steilas cumanzetan a sbrinzlar tranter las neivlas chi getan an sdratsha.

Il dragun, sieva d'aveir sdernieu la linterna dagl umin selvadi aint il lai, s'eira ratratg an sia chavorgia. Il pauver nanin

zapignaiva sei e giu tranter crapa ed erva setga, tegnond il maun
sur igls oils scu sha el aunc avess tema d'esser vieu dal dragun.
Ed el sa lamentaiva a fender il cour:

> Dolur, dolur,
> La lampa ei aint il lai;
> malur, malur,
> chi geida oramai?

Ma uarda! Tuot an ena il lai cumainza a buglir e betar
uondas. E las uondas sa spartan e marvegliusas fuormas
cumparan a la surfatsha. Plaun e majestusamaing elas nodan a
la reiva. Violanta ei extasiada e meira, igls oils anchantos sen
la scena sclarida da la glieina chi cuca uossa tranter duas pizas
giudem la valada.

Id ein najadas, las fascinontas avdadras dal Lai da Segl.
Elas emergian da l'aua e las gutelas croudan da lur lunga
chavelera d'argient. Cun la deta slancha elas fon ir ils chavels
da lur figuras alvas scu la neiv per ils siantar an l'aria tievgia da
la seira da stad. Ils chavels d'argient cumainzan a gliŝar tras
la stgeirezia e lur splendur sclaresha igl ur dal lai nua cha il nanin
stat amo recitond sia lira lamentonta.

Ed uossa ena da las najadas vo ancunter agl umin selvadi
e cloma:

«Ei, Isobar, tei grond planŝader, chei damai ei davento cha
tei stas co lamentond e disturbas nossa pash?»

Isobar — usheja aveiva peia num il nanin — det dalunga
per rasposta:

«Oh Curtinela, per buna sort cha tei eis vegnida. Mia
linterna ei giu co aint il lai, e sainza glieish ieu na poss betga

mantegneir mia ampromishiun e na vegn betga da chatar la clav
magica.»

E la nimfa Curtinela dumandet:

«Chei baterladas stuornas fas tei tsho? Vea, char Isobar, fo
nus saveir chei chi manca. Na nus cunfeidas tei betga tieu
cordoli? Nus vulain tsherchar da tei gidar.»

Il nanin Isobar raspundet:

«Ma tshert cha tei eis buna da mei gidar, e ieu t'angraztg
fingio uossa da tieu ageid. Fo pestgar mia linterna dal fuons dal
lai e ieu raquintaro tuot quei cha ieu dastg rasdar.»

Curtinela clamet la giuvna najada Marina e la suplichet
da ratsherchar manedlamaing aint igl iert anchanto suot l'aua
e da vegnir sei cun la linterna surdorada dal nanin.

Dantant cha Marina svanit suot l'aua faŝond per cumond
a la manadra, las otras najadas nodetan no tiers e furmetan
davant Isobar en semitshercul da tuota bialezia.

«Raquinta oramai tia istorgia, Isobar,» fet Curtinela. Ed il
nanin cumanzet:

«Tei cunuoshas igl ufeci cha dapei blers ons ieu exercitesh
an tuota buna fei pro vossa cumpogna svanida, la najada Sela,
e tei sas chei deira sort, chei naush destin l'ò culpida lò vei
tranter la spelma da Chasté. Aiii, la dolur mei ventsha angal a
pansar scu il dragun dal Fedoz tegna an fermanza mia pauvra
signura e patruna. Id ei bod set stads cha il dragun li ò traplo ils
chavels d'argient tranter duos greps e sha ieu na chat bainbod
la ragish magica, nossa Sela stuvaro star aunc ena giada set ons
suot la tiraneja dal dragun.

Dolur, dolur,
oh Sela, nossa amur!»

«Chei singulara istorgia nus reidast, Isobar? Chei vul quei
dir «la ragish magica»? Ieu n'ai maina audieu a discuorer da
tala rish. Cu avessla quela da chei far cun nossa Sela?»

Ma Isobar raplichet:

«La ragish magica chatsha, cresha e fo sei flur be durant
treis notgs da mesa-stad, ed aint il chalesh d'ena da sias flurs
ŝea la clav d'aur cun la quala ieu sun bun da spendrar mia
signura.»

«Di nus damai, danuonder sast tuot quei lò?»

Isobar sa fet taciturn e dŝet be:

«Quei ei mieu secret. Ieu il poss far a saveir peir cura cha
la clav d'aur ei chatada e ieu sto la chatar. Sela so cha ieu fatsh
tuot il pusseivel per vegnir an posses da la clav d'aur ed ela meta
sia ultima speranza an la reushida da mia interpreisa.»

Domino da sieus quitos e da la gronda dolur Isobar
prorumpet da novamaing an sangluots e planŝet:

Dolur, dolur,
la lampa ei aint il lai;
malur, malur,
chi geida oramai?

Id eira comuvaint da veir scu Isobar staiva mal an sia
paina per Sela. E las najadas tuotas aveivan igls oils charlaints
e tsherchaivan da siantar cun lur chavels ondulonts las larmas
chi rudlaivan da lur finas vestas.

E Violanta chi sainza chal uardaiva e cuntemplaiva
fascinada e comuventada la scenareja agl ur dal lai aveiva eir

ela la fatsha cregna da larmas e spetgaiva malpaziainta cha Marina chatass finalmaing la linterna dal nanin.

Curtinela dantant cunfortaiva ed ancuraŝaiva il pauver Isobar:

«Seias da buna veglia e sto sei da cho, mieu char! Tei vegnirossas tshertamaing a pudeir daliberar tia patruna Sela. Ela ò uossa sufrieu avuonda per sieu levsens. Quantas e quantas giadas nus l'avain avertida da na betga tramagliar e tantar il dragun. El l'ò dumandada per muglier e vuleiva la purtar an sia residenza da stad a Chasté. Ma Sela, memia giuvna e sainza experientsha, ò angal fatg befas dagl angaŝamaint e da la passiun dal dragun, amblidond chei pussanza cha quel ŝani an sia rabgia aveiva sur d'ela ... Ma uarda, Isobar, Marina ò anflo tia linterna. Siaintla e fo cha ela traglieiŝa puspei. Spendra nossa sora Sela e vea darcheu a co a l'ura cha nus siantain nossa chavelera aint igl ajer da la seira. Nus essan plain marveglias d'audir la fin da tia istorgia. Cuora damai, Isobar, festina e fo presha, e buna furteina!»

Plaunet las najadas nodetan darcho vei an mez il lai e svanitan ainten las uondas e mo lur chavels d'argient splenduraivan aunc en mumaintin no da l'aua clara.

Isobar, led e cuntaint d'aveir puspei sia linterna turnet an sia chamoneta. El get an sieu luvratori e cumanzet imediat a netagiar sia lampa. El anfundet avuonda saiv e metet en nov lamegl. Sia linterna stuveiva gliŝar migls ch'avant. Id eira la terza notg cha la ragish magica faŝeiva flur e cha el pudeiva sperar da chatar la clav d'aur.

Violanta aveiva audieu tuot quei cha las najadas aveivan detg e tuot il raquint dal nanin Isobar. Ela eira decisa da star e spetgar e dafatg sha ela avess vegieu da star tuota notg e turnar ainten l'alp peir sen chatshar di. E scu las nimfas dal lai nossa pastureta eira bi e bain an buonder da vegnir a saveir sha Isobar reussesha ni betg da spendrar la najada striunada, ed ela aveiva scu tshelas grondas marveglias da sentir l'antiera istorgia dal nanin.

Davo ena peza, Violanta chi uardaiva tuot anchantada aint vers Chasté, veset ena sclarida anetga ed observet la solita glieish sa muventar vers il punt da Segl-Baselgia. Id eira la linterna d'Isobar chi cumanzet per la terza giada sieu gir antuorn il lai a la tshercha da la flur magica.

Per co, per lò la glieish staiva eira e pac urela suainter ela sa muventaiva darcho anavant. Fatga la storta da Malögia ed ari-vada al delta dagl aual da Fedoz la glieish pareiva interromper sia cuorsa; a uardar da gliunsh, ela faŝeiva pareta dad ir sei e giu, vei e no cunstantamaing al medem lieu . . .

Tuot an ena ela get alura plei svelt, ed oils vesond ela vegnit plei gronda e plei clara. An pac oter ch'an en omen Isobar cumparit giudem il rieven tegnond cun gronda precauziun la linterna ed il vasin da tiaracotga. El sa fermet giu sper l'aua, pac pas plei bas cha la Violanta zupada. Las uondinas chi vegnivan a reiva pareivan da vuleir charezar ils peiotels dal nanin. Ed Isobar clomet las najadas chi an ena tsherta distanza sa divertivan ainten las uondas calmas.

A paina audida da vuŝina dal nanin, Curtinela vegnit agl ur dal lai e las soras la suondetan cun lungas tratgas da lur bratsha alva scu il marmel, strush tuchond l'aua chi sbrinzlaiva al clar-glieina. E bod tuotas fetan segn da lur bials mauns e clometan unanimamaing:

«Isobar, Isobar, ast vegieu buna sort? Ast chato la flur? Ast chato la clav d'aur? Vea e muossa chei cha tei as ainten tieu vasin. E n'ambleida betga da nus rasdar tia istorgia!»

Inquiet e sainza pos il nanin saglit d'en pei sen igl oter e dŝet:

«Quei cha ei ampromess reista ampromess! Vus vegnirossas a cunuosher l'istorgia. La clav d'aur ei aint il vas. Ma avegias en po pazienzia. Ieu sto igl amprem ir tar mia patruna Sela per la spendrar dagl ifadamaint. Spetgei mieu ratuorn, ieu vegniro a turnar ansembel a vossa sora.»

E gio Isobar sa metet puspei an veja an direcziun da Chasté, cun grond quito da na betga perder la clav e da na betga s'antardar.

E da novamaing l'angushusa spetgada daventet insupor-tabla per las najadas e per la pitshna Violanta chi, pac disada da passantar la notg suot il tshiel aviert, sentiva gio da dei il freid ad ir tras pial ed ossa.

Ma anetgamaing il profuond silenzi vegnit interruot d'en sburflem inquietond. Sbrais e viers vegnitan no da Chasté ed ena tunada faŝet stremblir l'antiera cuntrada e rabatet e rabombet tranter las muntognas e sur il lai e la selva vei.

La tensiun e l'anguosha eiran daventadas extremas e las nimfas aveivan suspeis lur gieus e tadlaivan spaventadas uardond vei vers la peneisla da Chasté.

86

Il ramurez e fracas dantant stizetan an en bater d'oil e darcho calma e quaideza amplenivan la valada. Ed an quela ins veset puspei la glieish a vegnir no per la reiva da queista vart dal lai. En mumaint sieva las najadas e Violanta auditan la vush d'Isobar:

«Sela, buna signura, angal suondei la glieish da mia linterna, tsho vei vossas soras vus spetgan. Elas vus daron en grond cordial bainvegni e vus faŝaron buna acoglientsha. Elas vegnan a passar cun lur petgens d'argient tras vos chavels terns fin cha els gliŝaron scu plei bod. E tuot saro scu antruras. Curaŝi, Sela!»

E davos la glieish dal bun Isobar cumparit la biala Sela. Cun pas amo inđecis e geists esitonts ela sa palpet no per la reiva uardond vei ed or per l'aua.

Ena fuorma sa stacha da la cumpagneja da las najadas e noda svelta a la reiva. Id ei Curtinela, la manadra da las giuventshelas dal lai. Ela vegn cul best sei ed or da l'aua, stenda la bratsha anvers Sela, and peglia ils mauns e cloma cun anguosha:

«Oh mia pauvreta, chei mai ònils fatg cun tei? Tieus bials chavels ein smorts, tia membra ei marva, tieu corp ò pers tuota graziusadad ed eleganza. Ma tei vivas, mia chara, tei vivas! Nusotras vulain aveir cheira da tei e tuot saro puspei bun. Oh, chei di la legreja cha tei eis darcho an nos ravuogl e cha l'ancreshadena vo a la fin.»

E sa vulvond a las najadas giuvnas ela cuntinuet:

«Sibila, fo ils chavels a Sela fin cha els gliŝan scu veirs chavels da nimfa e tei, Marina, vo per itg d'arnica per unŝer la membra da Sela e per eufrasia, la modeista flur tshagrun chi daro a sieus oils la gliŝur d'antruras.»

Tuot fatshentadas las najadas sa daivan fadeja da far sparir las ansainas da la lunga praŝuneja da Sela. E bainbod sia chavelera pigliet darcheu la tragliŝur da madraperla ed an medem taimp sa transfurmet eir la fisionomeja e sa midetan il sentir e paterchar da la giuvna.

Siond cha tuot eira uossa cuntaint e ventireivel, il bun nanin Isobar na rafuset plei da svelar tuots sieus secrets, e las najadas marvegliusas tadletan cun buocha e nas.

Isobar pegliet il pleid e raquintet:

«Avant ons ed anorums Sela ei stada buna da mei salvar dal latsh dal dragun. Cu cha quei ei passanto vuleis vus saveir? Mo, mias charas, quei ei ena lunga lunga istorgia . . .
Ieu la raquintaro en'otra giada. Ma da quel di an no ieu sun fideivlamaing atacho a Sela an racunuoshentsha ed angraziei-vladad.

E dal mumaint cha ieu sun vegnieu a saveir cha Sela eira stada serada dal dragun rabgianto tranter ils greps da Chasté, ieu ai pondero e stibgio ons a la lunga cu la pudeir spendrar e daliberar. Sulet dantant ieu n'avess maina pudieu aveir suczes. Ieu pitshnet cunter la forza e pussanza dal dragun dal Fedoz.

Ma en bial di ieu ai anscuntro la veglia duona Taissa. La veglieta eira ferm gritantada ed am ò dumando sha ieu savess parchei ela na pudeiva betga plei star pacificamaing a suleil sen las platas dal grep da Chasté. Ieu saveiva bain il parchei, e ieu ai detg a Melina — ushé sa numna la veivda dal tais — cha

88

il dragun per tema cha Sela pudess vegnir daliberada, sfugiantaiva mincha esser chi sa faŝeiva veir aint igl antshes da Chasté. Duona Taissa s'ei rabgiantada ordvart ed ò murmagno:

«Ieu stun da chasa ainten ena tauna cun bleras sortidas. Nus vulain saperlot tantena star a veir sha queist tiran arogant e prepotent ò pussanza eir suot tiara!»

Nus nus essan mess ladinamaing a l'ouvra ed avain examino tuot las ruosnas chavadas aunc dal marid e sieva sia mort da duona Melina. E da veiras, nus avain cunstato cha il striegn dal dragun n'aveiva nagena pussanza suot la tiara e na tanŝeiva betg aint il domini da duona Taissa. E cun sieu ageid ieu ai slargio la part dal cuvel chi maina fin or ansom la peneisla. Tras queista galareja ieu ai pudieu purtar mincha di da mangiar e da beiver a la praŝuniera. Ma cun tuot quei n'eira aunc fatg nianc en pas per la liberaziun da Sela. An queist gro eir Melina n'ò pudieu gidar ni cun pleid ni cun fatg.

En bial di cha ieu eira zuond trest e daprimieu da na betg esser capavel da spendrar mia signura Sela ieu staiva tshanto sen il tshep d'en laresh an en clerai dal god da Larêt. Tuot an ena giada la diala Lareta stat davant mei. Vusotras la cunuosheis franc tuotas la buna uldauna dal vestgieu verd-mestgel. La feda da Larêt ei saimper ornada d'en tshupi da flurs freistgas. E lez di lò ela purtaiva ena curuna da gianzaunas melnas. E Lareta am ò detg:

«Chi so chei cha tei eis ushé trest, Isobar? Ieu t'ai observo fingio da dei ed ai chato ad agur cha tei stoss aveir il cour grev. Chei ei damai? Tei sas ch'an mieu reginavel duessan reger be plaŝeir, vanteira ed armuneja. Ieu vi cha tei seias cuntaint e leguer. Chei poss-ieu far per tei, di, chei manca? Or cul pleid, Isobar.»

Quant led ed angrazieivel cha ieu eira da pudeir svidar mieu cour! Ieu ai raspondieu:»

«Oh chara, buna Lareta, cu poss-ieu esser leguer e da buna veglia, siond mia signura Sela gio bunamaing set stads praŝuniera tranter la spelma da Chasté?»

E la diala ò dumando:

«Sha ieu na mei sbagl betga, tei raŝunas da la najada Sela, nishi, Isobar? Da la biala Sela chi manaiva la damaun e la seira il rudi-rudiala da las nimfas dal lai? Parquei ins na l'ò plei veisa ils davos ons! E ieu crajaiva cha ela pudess esser ida an tiaras eistras. Ma chi saro ushé naush ed impertinent da tegneir fermada ena giuventshela chi n'ò franc mai fatg don a nagena orma da crastgaun.»

Ed ieu ai quinto a Lareta tuot quei cha gio vus saveis, scu cha quel striun d'en dragun desideraiva avidamaing per duona la biala e charina Sela e cu ela ò rafuso sia dumonda. E chei dumonda malplazada! Scu sha Sela avess pudieu esser venti-reivla ainten las greflas da quel monster sgriŝus.

«Ma quei ei bain chapeivel, pauvra Sela!» ò fatg la buna feda. «Nus stuvain veir imediatamaing da la spendrar tant spert scu pusseivel. I vul dantant la mageja gronda per dominar e ventsher il dragun e per daliberar tia patruna. Il dragun ei pussant e privlus. Ma ieu crei d'aveir avant maun en rameidi magic ferm avuonda per superar queist dimuni. Teidla bain! Sen las reivas dal Lai da Segl cresha la ragish magica. Ela chatsha e fo flur antuorn il solstizi da stad, ma be durant treis notgs

90

suczessivas la flur avra sieu chalesh e lasha veir sieu ovari. Id
ei ena modeista flurina d'en blau finishem, ma ena vigur
inaudida sa zuopa an quela flur. Sha en maleducho la culei per
la betar davent, dalunga el perda la veseida per set
giadas set midadas da la glieina. Ma sha en'orma chi s'anfla an
en grond basegns chata la flur avierta ed ei buna da meter an
salv la clav d'aur chi ŝea giu fuons il chalesh, ela posseda ena
imensa pussanza da la mageja gronda. La clav avra mincha
porta, cha ela seia da fier, d'atshal u da crap. Mediont queista
clav, Isobar, tei vegns da spendrar la biala Sela. Ast ancletg tuot,
Isobar?» ò dumando la diala, e cura cha ieu ai detg chashé, ela
am ò stendieu ancunter amenduos mauns ed am ò regalo queist
vasin cha dapei lura ieu port adena cun mei. «Sha tei as chato
la clav,» m'ò ela admonieu, «metla cun gronda premura sen il
plematsh da mestgel chi s'anfla aint il vas; la clav magica ei en
instrumaint zuond singular, cheirat da malaverva e smala-
dicziuns, i fuoss tieu don e tia malura.»

Vus pudeis vus imaginar quant cha ieu eira surlevgio e plain
racunuoshentsha. Ieu na dubitaiva ni da la vigur e varted da
la clav ni da la speranza e persvasiun da la chatar. Ils dis dal
solstizi eiran maneivels e mia voluntad da finalmaing spendrar
la pauvra Sela eira ferma e decisiva plei cha mai.

E durant las treis seiras cha la ragish magica aveiva da flurir
ieu ai fatg la cuorsa antuorn il lai, tsherchond e spiunond
dapartuot, davos mincha crap, an mincha fop. Ed a la fin finala
ieu l'ai chatada, la flureta, lò vei tranter la crapa e l'erva secha
dal delta dal Fedoz. E la clav magica s'anflava giu fuons il chalesh
da la flurina blaua. Ieu ai puso la clav sel plematshin da mestgel

e sun marsho ad en marshar vers Chasté. Ed or dal vasin
vegniva ena vuŝina, scu sha la clav na fuoss betga da metal mort.
E la vuŝina m'intimaiva:

«Fo dabot, Isobar, vo ed avra il portun, tei as be queista
notg per reushir, damaun id ei memia tard.»

Ieu ai dublo mieus pas e la vuŝina ò fatg:

«Pulit usheja, Isobar, tei areivas a taimp, tia signura tei
spetga!»

Ieu sun arivo a l'antrada da la tauna da duona Melina, sun
passo tras la galareja e vegnieu pro la fessa ainten la quala
Sela eira traplada e spetgaiva cun brama ed anguosha. Franc cha
Lareta li aveiva fingio fatg a saveir ensacuras cha la clav eira
chatada. Ieu ai puso la linterna giu mez e piglio la clav magica.
E la vuŝina, dai dai:

«Muossam a Sela, fo svelt, Isobar, daliberesha Sela!»

An queist mumaint en tshivlem ei passo tras las plantas ed
en teribel bufar e sburflar am ò bunamaing prieu il flad e per
pacas ieu fuoss crudo an svanimaint. Il dragun eira arivo e vuleiva m'atachar. Ieu tremblaiva scu ena chaglia da la tema ed
anguosha. Ma la clav chi eira ainten mieu maun s'ei messa a
cresher ad en cresher ed ei vegnida vei e plei gronda plei da
maneivel cha serpagiaiva il dragun. La part sura da la clav magica
s'ei anflomada e sbrenzlas saglivan sen tuotas varts. Tshorvento
dal feil e da la rabgia il dragun s'ei precipito sen la clav per la
brancar cun sias topas. An quela en teribel tshivlem, spiza e
tufom. Dond en viers infernal il dragun ò ratratg tuot anetg
sia grefla arsentada e fimonta. La clav sussuraiva e marmugnaiva
e li vuleiva dar suainter. Ma il dragun ò piglio la fuigia e plei

92

cha el s'aluntanaiva e plei cha la clav sa faŝeiva darcho pitshna fin cha ela aveiva puspei sia fuorma precedainta. E ieu ai finalmaing pudieu dapuoner la clav magica aint ils mauns da mia buna signura. Queista ò sbasso la vesta ed ena larma s'ei stachada da sias tsheglias ed ei crudada sen la clav. An queist mumaint la grepa s'ei spalancada cun en cuolp da sajeta. La lunga chavelera da Sela, fin alura traclada tranter la spelma ei crudada sen las spatlas e mia patruna eira libra e salva. An nossa imensa legreja da na pudeir dir, nus n'avain betga vieu cha la clav misteriusa s'ei transmidada an ena steilina cotshna chi ei svulada sur il lai vei. Ela vegniro a spetgar da novamaing a fuons al chalesh d'ena flur per ir agl ageid d'oters essers an privel e basegns.

«Ed uossa,» vegnit il nanin a la fin da sieu raquint, «uossa cha mia patruna Sela sa chata puspei an salv aint il ravuogl da sias cumpognas, gronda ancreshadena mei tshafa da turnar tar mieu pievelet chi veiva e travaglia ainten las chavernas dal Piz La Margna e cheira ed augmainta loaint il stgazi da las cristalas. Avant da turnar ieu vuless dantant cha vus amplenissas il vas da la diala Lareta cun balsam d'arnica. Ieu purtass gugent il balsam a la veglia duona Taissa cha ela possa unŝer sia giuadejra gutusa. E ieu vuless vus supliar da igl amplenir adena puspei, plei spert cha il vas ei darcho veid.

Ieu sai fitg gro a Melina per la generusa ospitalitad cha ela am ò cuncedieu. Ela m'ò lasho abitar e lavurar an sia tauna durant tuot igls ons da la praŝuneja da Sela. «Uardei queist bastun d'Aron an cristal,» exclomet Isobar, tirond ena bialezia clinez da sia giaca, «quel co ieu igl ai taglio e pulieu ons a la lunga cura cha ieu serviva a Chasté la biala praŝuniera. Ieu il purtaro a la diala Lareta an segn da racunuoshentsha per sieu bun ageid.»

Curtinela, la parsura da las nimfas, s'adresset uossa al nanin:
«Bun e char ami Isobar, tei angrazias tuots quels chi t'òn sustegnieu an tieu ufeci. Ma tei ambleidas tei-tez. Nus anveza savain grond marshei a tei da tuot quei cha tei as fatg per Sela ed an cunseguenza eir per nusotras tuotas. Nus at savain gro da tia gronda generusadad e da tieu ardimaint. E per t'angraziar dal bun e dal bain nus vulain at far ena feista an moda e maniera da najadas. Do peida treis uras e tuorna a co per las treis da queista notg, tranter l'alva e l'aurora.»
I s'anclei cha la pitshna pastura da Val Fed, la Violanta, chi aveiva tuot vieu e tuot audieu, stet an sieu zop e sa decidet da oramai turnar ad alp peir sieva la levada dal suleil.
Ed usheja ela veset l'ultima giada la glieish da Chasté s'aprosmar. Il nanin Isobar, cun vestimainta nov-raŝainta, la barba bain sfaltrida, arivet al lieu usito, e poset sia linterna solemnamaing ainten l'erva. La glieina ampleniva cun sia glieish mieivla la valada avant da pigliar pitigot ed ir a val vei davos il Piz La Margna. Il lai eira scu en spejel. Ma sper la reiva las auas sgurgugliaivan ed an mez las levas uondas sa radunaivan vei e plei najadas. Lur chavels gliŝaivan scu igl argient e crudaivan scu tantas teilas da pizs e rechom sur las amablas fuormas deliziusas.
Ed uossa elas stetan chadaina e tranter las feilas no sglishet Curtinela, ena fina curuna d'aur aint ils chavels e vegnit no pro

94

il nanin chi staiva imovibel a la reiva. Cun vush clara scu en sain Curtinela pegliet il pleid:

«Nanin Isobar, plei cha per tuot quei cha tei as fatg per nossa nimfa Sela nus t'angraziain per tia buna fei e gronda fideivladad. An treis dis, treis notgs e treis uras nus avain fatg per tei queista culauna da perlas. Ela simbolisesha il bal nocturn da las najadas. E uarda co an mez la culauna queist scrignet, el cuntegna en niala da tia signura Sela.»

Cun queista verva Curtinela surdet al nanin l'ouvra da meister chi splenduraiva al dulsh clarglieina.

Avant cha Isobar pudet sa rameter da la surpreisa e fascinaziun Sela, plei biala e plei eleganta cha mai, aparit an mez sias cumpognas. Sia lunga chavelera d'argient eira tegnida sen il frunt d'en tshertgel d'aur orno amplamaing da turcois e da smaragds. Ma plei ferm cha la traglîsur da las peidras preziusas splenduraiva l'angrazieivladad aint igls oils da Sela dantant cha ela pronunziet sieu pleid d'adieu e da cumgio:

«Mieu bun ami Isobar, tei m'as servieu an mia misergia, tei eiras igl unic sulaz an mia suldem. Ed uossa tei vul turnar tar tieu pievelet; nus anclegiain queist giaveish. Sto bain e buna vanteira! Tei vas, ma tia fideivladad na vegniro maina ad esser amblidada aint il reginom da nusotras najadas dal Lai da Segl. Aczepta queist dun da la tresorareja da nos chasti chi stat sen il fuons dal lai. Queista ampla d'aur ei en'ierta da taimp veidrishem. Meira scu igl aur ei finamaing ciselo e rechamaing dacoro da perlas. Igl arch chi sa stenda sur l'ampla vei ei fatg dal plei bial cristal da nossas muntognas. E vesast co seisom, l'aua-marina, la peidra an fuorma da floma da chandeila? La dulsha

95

gliŝur chi dat or da l'aua-marina na stizaro mai, betga main co mia racunuoshentsha. Queista glieish t'acumpagnaro e at saro cuntinuadamaing ena ragordentsha da Chasté e da tia najada Sela.»

Met dal tshafen e da l'emoziun, Isobar aczeptet il prezius regal ed an tuota afecziun el faŝet a Sela ena biala reverenza. Il cumgio li faŝeiva mal ed igls oils dal nanin eiran an larmas.

Plaunet las najadas sa retiretan. Sela suleta rastet. Ed Isobar charezet ils chavels d'argient da l'amabla nimfa e li amprometet da vuleir esser puspei sieu fideivel serviaint sha mai ela avess d'aveir da basegns d'el.

Alura Sela svanit eir ela ainten las uondas dal lai.

Isobar stet aunc dei e lung a la reiva — fuorma isolada e figura solitara — e s'anviet alura plaun-sieu per turnar tar sieu pievel aint il ravuogl dal Piz la Margna.

Zur Aussprache des rätoromanischen Textes

Der Wortton liegt bei zwei- und mehrsilbigen Wörtern im allgemeinen auf der zweitletzten Silbe: «daletgeivel, cuntinnuesha, levada, partida»

Die wichtigsten Ausnahmen sind:
die Grundform der Verben auf -ar, eir, -ir: «amblidar, temeir, audir»
das Partizip der Gegenwart: «ondulont» und die Endungen auf -ant: «dantant»
die männliche Form des Partizip der Vergangenheit der Verben auf -ar: «arivar-arivo, amblidar-amblido»
das Gerundium: «passond»
das Adverb: «misteriusamaing» — der Ton liegt auf der gleichen Silbe wie beim entsprechenden Adjektiv;
das Endungs-«g» kann als stimmhaftes «g» (wie italienisch «giardino») gesprochen werden oder ungesprochen bleiben.

Betont sind die Endungen: -aint, -al, -el, -et, -in, -un

Es werden gesprochen:

ch und **tg**	= ähnlich wie italienisch «c» in «cibo, cialda, cio»
sh (stimmlos)	= wie deutsch «sch» in «schön»
tsh (stimmlos)	= wie deutsch «tsch» in «deutsch»
ŝ (stimmhaft)	= wie französisch «j» in «jardin»
s vor Konsonant	= immer als Zischlaut, etwas weicher als deutsch «sch»; also «star» = **sch**tar
qu	= wie französisch «qu» in «quel, quelle»
die Endungen -**in, ina**	= wie «gn» in französisch «Champagne», also: nanign, Engiadigna
die Endungen -**un, una**	= wie «ng» in deutsch «Achtung»
der Zweilaut **uo**	= ähnlich schweizerdeutsch «ue» in «Mueter» also **Z**uoz = **Z**úez
der Dreilaut **ieu**	= **iéu, iu, éu** oder **ia**

97

Inhaltsverzeichnis

Illustrationen